청소년 마약에 관한 모든 질문

양육자가 묻고, 마약 전문 변호사가 답하다

청소년
마약에 관한
모든 질문

김희준 · 공주영 지음

주니어태학

기회가 있을 때마다 우리나라의 마약 문제는 골든아워의 끝자락에 와 있다고 설명합니다. 지금 제대로 대처하지 못하면 더는 손쓸 수 없는 지경에 이르게 될 것이기 때문입니다.

그동안 우리는 대한민국이 '마약 청정국'이라는 환상에 빠져 있었습니다. 이런 착각이 마약 문제에 무관심하고 덜 경각심을 갖게 했습니다. 하지만 우리나라가 마약 청정국이 아닌지는 오래됐습니다. 다만 제대로 인식하지 못하고 있었을 뿐이지요. 마약 청정국인지 아닌지는 적발 통계를 기준으로 합니다. 간단히 말해 수사기관에서 단속을 소홀히 하면 마약 청정국이 되고, 열심히 단속해서 실적을 올리면 '마약 오염국'이 되는 것입니다.

하지만 단속 통계는 현실을 그대로 반영하지 못합니다.

2019년에 버닝 선 사건이 터졌습니다. 당시 클럽 안에서 GHB(일명 물뽕)를 이용해 벌어진 성폭력 사건 등이 크게 이슈가 되었지요. 이 사건을 계기로 경찰에서는 마약 범죄를 집중해서 단속했습니다. 그 결과 한 달 만에 523명이나 적발했습니다.

1998년 광주지검 강력부에서 근무할 때도 마찬가지였습니다. 당시 광주, 전남 지역은 '마약 청정 지역'으로 불렸습니다. 광주지검에서 1년 동안 구속한 마약 사범이 20명이 되지 않았을 정도니까요. 하지만 제가 마약 수사를 전담하면서는 한 달에 약 15명을 적발했습니다. 이 수치는 이미 오래전부터 광주 지역에 마약이 널리 퍼져 있었음을 의미합니다.

현재 우리나라의 마약 문제는 매우 심각한 상태입니다. 인터넷과 SNS의 발달로 마약 유통 패러다임이 오프라인 대면 거래에서 온라인 비대면 거래로 바뀌고, 마약 종류가 매우 다양해지면서 가격이 저렴해진 것이 주된 이유입니다. 가장 염려스러운 양상은 마약류 사범 나이가 급속히 낮아지고 있다는 사실입니다. 인터넷과 SNS에 익숙한 10대와 20대가 급속도로 마약류에 오염되어 가고 있는 것입니다. 통계로도 명확히 나타납니다. 2011년에는 마약류 사범 연령대 1위가 40대였다면, 2021년에는 20대가 1위를 차지했습니다. 10대는 2011년과 비교했을 때 2021년에 11배나 증가했고요.

대검찰청이 발간한 《마약류 범죄백서》(2012~2021)에 따르면, 2021년 검찰에 송치된 10대 마약류 사범은 역대 최대치인 450명을 기록했습니다. 10년 전인 2011년에는 41명이었으니, 11배나 증가한 것입니다. 마약 범죄는 대표적인 암수 범죄입니다. 암수 범죄란 수사기관에 적발되지 않은 범죄를 말하지요. 마약 범죄의 암수 범죄율은 적계는 28.5배에서부터 많게는 100배까지 보기도 합니다. 그렇다면 실제 10대의 마약 범죄는 엄청나게 증가하고 있는 것입니다.

최근 정부는 마약 문제를 해결하기 위해 '마약과의 전쟁'을 선포했습니다. 좀 늦었어도 마약 문제가 심각함을 인식하고 적극적으로 대처하겠다는 것이니, 바람직한 현상입니다. 하지만 수사와 처벌에만 집중해서는 해결하기 어렵습니다. 저도 검사 시절에는 마약 사범을 적극적으로 적발해서 엄벌에 처하면 다시는 마약에 손을 대지 않으리라고 생각했습니다. 마약 문제를 범죄의 시각으로만 바라보았기 때문이지요.

하지만 마약에 대해 계속 공부하면서 그런 시각만으로는 마약 문제를 해결하기 어렵다는 사실을 알았습니다. 마약 문제는 범죄＋질병의 개념으로 접근해야만 해결이 가능합니다. 마약에 중독되면 뇌 속의 보상회로가 망가져 자신의 의지만으로는 극복하기 어렵기 때문이지요. 마약은 단 한번의 투약으로도 중독될 수 있습니다. 그런데 청소년들이 친구의 권유나 호기심 등으로 너무나 쉽게 마약을 접하고 있습니다. 마약에 관한 교육을 제대로 받아 본 적이 없어 마약의 위험성을 잘 모르기 때문은 아닐까요? 만약 그렇다면 그것은 앞세대의 잘못이 큽니다.

마약 문제를 근본적으로 해결하려면, 애당초 손을 대지 못하게 하는 예방 교육이 가장 중요합니다. 이 책이 그런 역할을 조금이라도 하면 좋겠습니다. 다만, 독자분께 미리 양해를 구하고 싶은 것은 의학적인 설명에선 미흡한 점이 있을지 모르겠다는 것입니다. 찾을 수 있는 한 많은 자료를 참고했고 의사 지인들의 도움도 받아 썼지만 그럼에도 놓친 부분이 있을 것입니다. 혹여라도 그런 점이 발견된다면 그건 순전히 저의 부족함임을 밝힙니다.

마지막으로 마약 예방 교육이 필요하다는 것에 깊이 공감하고 출판의 기회를 준 주니어태학 출판사와 함께 고민을 나누며 책 작업을 한 공주영 작가님께 감사한 마음을 전합니다.

김희준

출판사로부터 청소년 마약 예방에 필요한 책을 함께 작업해 보지 않겠냐는 제안을 받고 처음에는 갸웃했고 걱정도 들었습니다. 양육자 입장에서 마약 수사를 담당했던 전직 검사님과 마약에 대한 궁금증과 답을 주고받는다는 기획 의도는 확실했지만, 문제는 제가 마약에 대해 무지하다는 사실 때문이었지요. 한편으로는 '마약을 자세히 알려 주는 것이 과연 예방에 도움이 될까?'라는 의문도 없지 않았습니다.

집필을 수락한 후 마약 공부에 나섰습니다. 여러 마약 관련 다큐멘터리와 책, 자료를 읽으면서 걱정이 커져 갔습니다. 마약이 일상의 아주 가까운 곳에까지 퍼져 있다는 사실을 비로소 알았고, 이러다가 정말 큰일이 생기는 것 아닌가 하는 공포까지 생겼지요.

가족과 식사할 때도 자주 마약을 이야기 주제로 꺼냈습니다. 의외로 중학생인 아이는 마약에 대해 꽤 알고 있었습니다. 유튜브를 통해 알게 된 정보도 많았고요. 그 정보 중에는 어느정도 맞는 것도 있었지만, 잘못된 것도 있었습니다. 잘못된 것을 바로잡아 주면서 문득 '다른 가정은 어떨까?' 하는 생각이 들었습니다.

청소년 자녀가 있는 친구들과 만난 자리에서 마약 이야기를 슬쩍 꺼내 물은 적이 있습니다. 대부분은 펜타닐이나 다이어트 약 같은 약물 오남용에 대해 잘 모르고 있었습니다. 제가 그동안 알게 된 것들을 얘기하자 다들 놀랐습니다. 책을 쓰기 이전의 저처럼 공포와 걱정만 잔뜩 안고 돌아간 친구도 있었지요.

양육자도 이런데 청소년이라고 다를까요. 학교에서 약물 오남용 예방 교육을 하고 있지만, 어느 정도 알고 있을까요. 학교 현장의 마약 예방 교육을 살피기 위해 고등학교 보건교사 선생님과 인터뷰를 했습니다. 혹시 보건실에 찾아와서 마약이나 약물 오남용에 대해 상담한 친구가 있는지도 물었습니다. 아직 없다고 하시더군요. 다른 학교도 크게 다르지 않으리란 생각이 들었습니다. 약물 오남용을 경험한 적이 없어서 찾아오지 않는 것이라면 천만다행이지만, 자신의 문제를 어떻게 해결할지 모른 채 중독의 수렁에 더 깊이 빠지는 청소년이 있지 않을까 싶어 걱정이 깊어지기도 했습니다.

책 작업을 시작할 때는 마약류에 대한 여러 걱정과 공포에 휩싸였지만, 작업 후반부에 들어서면서는 차츰 걱정은 가라앉고 마음도 차분해졌습니다. 참고 자료로 읽은 한 마약 관련 책에 "나쁘게 알면 더 궁금하다"는 문장이 있었습니다. 양육자인 저에게도 해당하는 말이었지요.

알수록 걱정은 증폭했지만, 예방과 치료에 관한 자료를 찾아 읽고 정신건강의학과 의사의 글들을 읽으면서 예방은 청소년이 마약이라는 위험물에 걸려 '넘어지지 않도록' 하는 것이고, 혹시 넘어졌을 때는 '다시 일어설 수 있도록' 도와주는 것임을 알게 되었습니다. 가정뿐 아니라 학교, 사회가 함께 예방에 나서야 한다는 사실도요.

이런 역할을 제대로 하려면, 일상에서 쉽게 접할 수 있는 마약류에 어떤 것들이 있는지, 어떻게 중독에까지 이를 수 있는지 알고 있어야 합니다. 마약류를 공부하는 것은 사고와 재난에 대비하는 것과 같지요.

혹시 어떤 고민이나 괴로움, 의도하지 않은 실수로 인해 약물에 빠진 청소년이 있다면 '실패'한 인생이라며 자포자기하지 않기를 바랍니다. 현재보다 더 심한 중독으로 치닫지 않게 하는 것도 예방 가운데 하나라고 생각합니다. 마약에 대한 궁금증이 있을 때, 이 책이 도움을 줄 수 있으면 좋겠습니다. 책 작업을 하면서, 작가가 아닌 양육자로서 제가 알고 깨달은 것들이 다른 분들에게도 전해지기를 진심으로 바랍니다.

책을 함께 작업하면서 새로운 앎의 세계를 열어 준 김희준 변호사님에게 감사의 말을 남깁니다.

공주영

차례

1장. 약물과 마약

2장. 청소년과 마약

3장. 단약

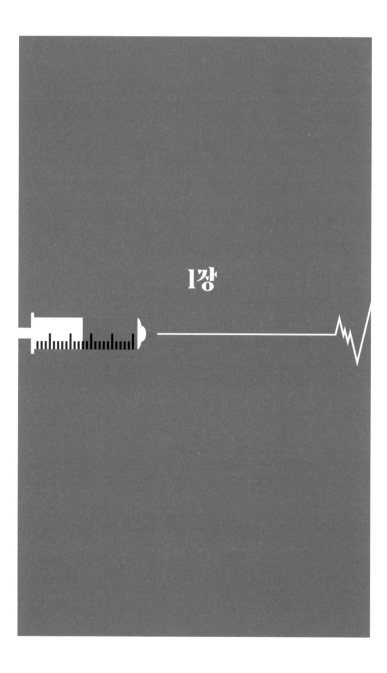

1장

약물과 마약

Q 1. 먼저 약물은 무엇이고, 중독은 어떤 상태를 말하는 건가요?

A 약물은 마약류를 포함해 니코틴, 카페인, 알코올, 본드·시너·부탄가스 같은 흡입제 등을 말합니다. 마약류는 약물의 하위 개념이고, 마약류는 다시 마약, 향정신성의약품, 대마로 나뉩니다. 이 책에선 약물 중 마약류에 관해 집중해서 다루려고 합니다.

약물 중독이란 개념도 의학적으로는 크게 드럭 인톡시케이션drug intoxication과 드럭 어딕션drug addiction으로 구분됩니다. 전자는 처방된 것보다 과다하게 복용해 중독되는 것을 말하고, 후자는 부정적인 결과를 가져온다는 사실을 알면서도 통제력을 잃고 계속 약물을 복용하는 상태를 말합니다. 이 책에선 두 경우를 엄밀히 구별하지 않고 혼용해 썼습니다. 아직 두 경우를 구별하는 우리말이 없고, 중독의 위험성을 알리려는 책 취지에 어긋나지 않는다고 판단해서입니다.

 약물에 중독되면 복용량이 점차 늘어나고 복용 중단이 어려워집니다. 내성이 생기기 때문이고, 약물 효과가 떨어지면 금단 증상이 일어나 극심한 고통을 겪습니다.

 한편, 의사의 처방이나 약사의 지도 없이 약물을 잘못 사용하는 경우를 약물 오용, 의사의 처방 없이 쾌락을 위해 사용하는 등 다른 목적으로 쓰는 것을 약물 남용이라고 합니다.

청소년이 중독에 빠지는 약물에는 어떤 것이 있고, 청소년들은 그런 약물을 어떻게 구하나요?

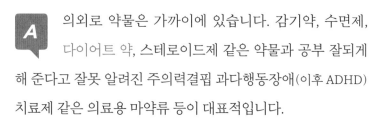 의외로 약물은 가까이에 있습니다. 감기약, 수면제, 다이어트 약, 스테로이드제 같은 약물과 공부 잘되게 해 준다고 잘못 알려진 주의력결핍 과다행동장애(이후 ADHD) 치료제 같은 의료용 마약류 등이 대표적입니다.

이러한 약들은 필로폰(이하 메트암페타민methamphetamine)

─────────── **다이어트 약** ──────

다이어트 약은 크게 식욕 억제제, 지방 흡수 억제제, 글루카곤유사펩타이드GLP-1 유사체로 나뉜다. 식욕 억제제 약물로는 펜터민·펜디메트라진·디에틸프로피온·마진돌·부프로피온+날트렉손이 있고, 지방 흡수 억제제로는 오르리스타트가 있으며, GLP-1 유사체로는 리라글루티드가 있다. 식욕 억제제는 중추신경계에 작용하기 때문에 오남용의 위험이 있어 대부분 향정신성의약품으로 분류되어 있다. 향정신성의약품으로 분류된 약물은 중독 가능성이 크다.

─────────── **메트암페타민** ──────

세계보건기구WHO에서는 메탐페타민metamfetamine으로 명명했고, 우리나라에서는 1973년부터 2012년까지 약 39년간 '메스암페타민'으로 불렀다. 2012년 6월 7일, 대통령령 제23845호로 〈마약류 관리에 관한 법률〉 시행령이 개정되어 '메트암페타민'으로 변경되었다. 메트암페타민을 과거 우리나라에서는 '히로뽕'이라고 불렀는데 히로뽕은 1941년에 일본의 제약사 다이닛폰大日本이 판매했던 상품명이다. 이 약은 제2차 세계대전 시기에 주로 공장 노동자들에게 잠이나 졸음을 쫓는 용도로 팔렸다. 히로뽕은 '노동을 사랑한다'는 뜻의 그리스어 'philoponus'에서 유래했다. 이후에 필로폰으로 바꿔 불렀다.

이나 대마 같은 다른 마약류와 달리 의사 처방이 있으면 약국에서 구입할 수 있기 때문에 청소년이 마음만 먹으면 쉽게 구할 수 있습니다. 의료용 마약류는 치료에 꼭 필요한 경우만 엄격히 제한해서 처방해야 하는데 일부 몰지각한 의사나 병원에서 돈벌이를 위해 너무 쉽게 처방해 주는 바람에 사회적인 문제로 떠오르고 있습니다.

의료용 마약류를 구하려는 청소년들은 처방을 쉽게 잘해 주는 병원 리스트를 공유하기도 합니다. 이런 병원들을 돌아다니면서 펜타닐fentanyl 등을 처방받아 대량으로 구입해서 판매하는 경우까지 발생하고 있습니다. 일부 청소년은 이런 약물들이 얼마나 위험한지 모르고, 주변에서 하는 것을 보고는 호기심에 따라서 복용하다가 중독에 빠지는 경우도 적지 않습니다.

이 때문에 마약류통합관리시스템과 DURDrug Utilization Review, 의약품 안전사용서비스를 연계해 관리를 강화해야 한다는 목소리가 높습니다. 정부는 유명 연예인의 의료용 마약류 투약 사건, 강남 학원가 마약 음료 사건 등 마약류 범죄가 잇따라 발생하자 2023년 11월 22일 '마약류 관리 종합 대책'을 발표했습니다. 주 내용은 이렇습니다. 의사가 의료용 마약류를 처방할 때 지켜야 할 처방량과 횟수 등 처방 기준을 강화하고, 투약 이력 확인을 의무화하기로 했습니다. 투약 이력 확인은 마약성 진통제인 펜타닐부터 시작해 프로포폴, 졸피뎀 등으로

확대하기로 했고요. 여러 병원을 돌며 의료용 마약류를 처방받는 '마약 쇼핑'을 방지하려는 취지입니다. 그리고 의사가 의료행위 외에 마약을 투약하거나 처방전 없이 처방하면, 최대 1년 자격 정지 처분을 내리기로 했습니다. 또한 마약을 오남용한 병원에는 징벌 성격의 과징금 부과를 검토하고, 마약 오남용 사례를 적발하기 위한 인공지능 기반의 마약류통합관리시스템도 가동할 예정입니다.[1]

────────────────⊂▯ **마약류통합관리시스템** ▮▷────────────────

마약류통합관리시스템Narcotics Information Management System. 줄여 님스NIMS라고 한다. 국내에 있는 모든 약국, 의료기관, 의약품 제조업자, 의약품 수출입업자 등 의료용 마약류의 제조, 유통, 처방, 조제 등에 관련된 모든 것을 실시간으로 추적하고 보고하도록 만들어진 시스템이다. 마약류 오남용 등의 문제를 해결하기 위해 2018년 5월부터 시행된 제도다.

────────────────⊂▯ **DUR** ▮▷────────────────

Drug Utilization Review, 의약품 안전사용서비스. 환자가 여러 의사에게 진료받을 경우 의사와 약사는 중복 처방·조제를 할 수 있고, 이로 인해 환자는 약물 부작용을 겪을 우려가 있다. 이런 사태를 막기 위해 의사, 약사가 의약품 처방 내역을 실시간으로 확인할 수 있게 하는 제도다.

────────────────⊂▯ **마약성 진통제** ▮▷────────────────

아편에서 유래한 성분으로, 통증을 덜어 주거나 없애는 약물이다. 먹는 약, 몸에 부치는 패치, 주사제로 나뉜다. 모르핀, 펜타닐 등이 대표적이다.

아이가 중학생인데, 괜히 불안하네요. 그럼 청소년이 약물에 중독되지 않도록 미리 조심할 방법은 없을까요?

국가가 중독성 있는 약물을 잘 관리하는 것이 우선이겠지만, 사용자도 자신이 복용하는 약이 마약류나 중독성이 있는 약물은 아닌지 반드시 따져 보아야 합니다. 그래야 조심할 수 있으니까요. 그러자면, 약물에 대한 기본적인 것은 알고 있어야 합니다. 특히 교육자나 양육자는 청소년에게 약물의 종류와 성분, 올바른 구매 방법 등에 관해 알려 주고, 일상에서 쉽게 구할 수 있는 약 가운데도 마약류가 있음을 설명해 조심시켜야 합니다.

약은 잘 쓰면 보약이지만 잘못 쓰면 독약이라는 말은 의료용 마약류에 적합한 말이기도 합니다. 이 약들은 본래의 목적에 맞게 사용하면 말 그대로 환자에게 꼭 필요한 '약'일 뿐입니다. 하지만 잘못 쓰면 몸과 정신의 건강을 망치는 '독약'이 됩니다.

그러므로 자신이 먹는 약이 무엇이고, 적당한 양은 어느 정도이며, 과하게 복용하면 어떤 부작용이 생기는지 등에 대해 아는 것이 약물 중독을 막는 기본자세일 것입니다.

Q 2. '공부 잘되게 하는 약'도 중독될 수 있다던 데, 사실인가요?

A 2023년 4월 3일, ADHD 약과 관련해 유례없는 충격적인 사건이 발생했지요. 보이스피싱 조직이 서울 강남 한복판인 대치동 학원가에서 우유에 메트암페타민과 MDMAmethylene dioxy-methamphetamine(이하 엑스터시)를 섞은 마약 음료를 시음 행사를 빙자해 학생들에게 나누어 준 것입니다. 공부 잘되게 하는 음료라고 속이면서요. 음료 용기에는 '기억력 상승, 집중력 강화, 메가 ADHD'라는 글귀가 붙어 있었습니다.

이후 이 조직은 음료를 마신 학생들의 양육자들에게 이 사실을 알리고는 돈을 갈취하려고 했습니다. 성적을 올리려면 뭐라도 할 학생과 양육자들의 마음을 교묘하게 파고든 매우 계획적이고도 치밀한 범죄였습니다.

ADHD 환자는 뇌에서 주의력과 집중력을 조절하는 신경전달물질인 도파민dopamine과 노르에피네프린norepinephrine이 부족합니다. 치료제는 당연히 도파민과 노르에피네프린을 증가시키는 약물이지요.

ADHD 치료제를 먹으면 주의력과 집중력이 나아질 테니까, 이 약물을 공부 잘되게 하는 약, 머리 좋아지는 약, 성적 올리는 약 등으로 믿고 있는데요. 하지만 정상인 아이가 뇌에 작용하는 이런 치료제를 먹으면 어떻게 될까요? 두통·불안감 등의 증상이 나타날 수 있고, 심각한 경우 환각·망상·자살 시도 등도 나타날 수 있습니다. 특히 메틸페니데이트(상품명 예: 페니드)는 장기간 남용하면 중독될 수 있으니, 함부로 써서는 안 됩니다.

Q 인터넷에서 '공부 잘되게 하는 약'이라고 광고하면서 팔던데, 구매해도 괜찮은 건가요?

A 온라인에는 수험생과 양육자의 간절한 마음을 악용하려는 일명 '공부 잘되게 하는 약'에 대한 불법, 가짜 광고가 많이 올라와 있습니다. 온라인 커뮤니티나 SNS에서는 메틸페니데이트 효능이나 구입 방법을 문의하는 글이 나돌기도 하지요. 하지만 공부 잘되게 하는 약이 과연 있을까요?

일단 온라인 약 광고는 불법입니다. 의약품은 온라인에서는 판매할 수 없습니다. 특히 메틸페니데이트 같은 향정신성 의약품은 광고, 판매하는 행위뿐만 아니라 의사의 처방 없이 구매하는 것 자체가 불법입니다. 또 '불면증·수면 질 개선', '기억력 영양제' 등 공부에 마치 도움이 되는 것처럼 표시해 건강기능식품으로 오인하게 해서 팔기도 하는데 건강기능식품은 식품의약품안전처(이하 식약처)가 인정해 줘야 하기 때문에, 이런 행위 역시 불법입니다.

Q '공부 잘되게 하는 약'이 진짜 집중력을 높여 주긴 하나요?

A ADHD 환자가 메틸페니데이트를 복용하면 즉각적

인 효과가 나타나지만, 증상이 없는 사람이 복용하면 앞서 말했듯이 두통, 불안감, 불면증, 식욕 감퇴, 현기증 등의 부작용을 겪을 수 있고 사소한 것에도 과민해지거나 멍해질 수 있습니다. 불면증이 지속되면 환각, 환청, 망상으로 이어져 우울해지고, 심하면 자살까지 하는 것으로 알려져 있습니다.

이런 부작용에도 성적을 올리려고 복용한다 해도 실제로 그런 효과를 얻기는 어렵습니다. 뇌는 특정 시간 동안 정보를 인지해서 처리하는 용량에 한계가 있기 때문에 공부하는 시간이 길어진다고 해서 인지 능력이 향상되는 것은 아니기 때문이지요. 미국 로드아일랜드 대학교와 브라운 대학교 연구진이 학생 13명을 대상으로 실험한 결과에 따르면, ADHD 치료제가 성적을 올리는 데 별 도움이 되지 않았다고 합니다.[2]

ADHD로 인한 집중력 문제는 신경전달물질의 부족 등이 원인인데, 보통 사람들의 집중력 감소는 체력이 떨어지거나 피곤해서 생길 수 있기 때문에 ADHD 치료제로 효과를 얻기는 어렵습니다. 따라서 ADHD 치료제를 남용하는 것보다는 운동을 하거나 숙면을 취하는 것이 집중력을 높이고 정신 건강을 지키는 데 더 효과적입니다.

 청소년들이 성적만큼이나 관심을 두는 것이 다이어트인데요, 다이어트 약은 식욕 억제제로 알고 있는데 왜 중독되는 약물에 속하나요?

A 몇 년 전부터 10대 사이에서 극단적인 다이어트인 '프로아나proana', 일명 '뼈말라'족이 유행하고 있습니다. 프로아나는 찬성한다는 뜻의 '프로Pro-'와 거식증을 뜻하는 '애너렉시어Anorexia'가 합쳐진 말인데, 뼈만 남을 정도로 비쩍 마른 몸매를 지향하는 다이어트입니다. 10대들은 뼈만 남은 사진을 SNS에서 공유하면서 더 체중을 줄이는 데 도움이 되는 정보를 주고받습니다. 그중 한 방법으로 식욕 억제 성분이 든 다이어트 약을 권하기도 하는데, 효과가 좋다고 알려진 다이어트 약 중에는 중독성이 강한 약물이 많습니다. 실제로 다이어트 약이라고만 알고 복용했다가 심각한 중독에 이른 사례가 많습니다.

중독성이 강한 대표적인 다이어트 약물이 펜터민phentermine 입니다. 상품 모양이 나비 같아서 일명 '나비약'으로도 불리지요. 펜터민은 뇌에서 배고픔을 덜 느끼거나 포만감을 더 느끼게 하는 신경전달물질의 작용을 증가시켜 식욕을 억제합니다. 펜터민은 중독성이 아주 강하기 때문에 4주 이내로 단기간만 복용해야 하고, 다른 식욕 억제제와 함께 복용해서도 안 됩니다.

124

🔥프아_30kg대

몸무게 인증
#프로아나

38.5

거석계

와... 나도 이렇게
말랐으면 좋겠다...

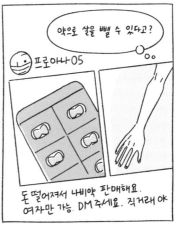

약으로 살을 뺄 수 있다고?

🌑프로아나05

돈 떨어져서 나비약 판매해요.
여자만 가능. DM 주세요. 직거래 OK

저 구매하고 싶은데
OO지역 직거래 되나요?

네😊 가능하
약 가격은

약 같지도 않은데 효과가 그렇게 좋다니...

잠깐만 먹고   끊으면 되겠지?

귀엽게   생겼는데 심각한

부작용이   있겠어?

SNS 보면   나같은

10대들도   양이

먹던데 뭐...   부모님이

아시면 혼   나겠지만

작으니까   잘 숨기면

되겠지   나도 빠지고

일명 '나비약'
향정신성의약품 펜터민 함유

Q 다이어트 약에 중독된 경우에도 마약 중독과 같은 증상이 나타나나요?

A 펜터민은 암페타민 유사체로 중추신경계에 작용하여 도파민, 노르에피네프린을 증가시키기 때문에 중독되면 환청이나 환각 증상이 나타날 수 있습니다. 마약 중독자와 비슷한 모습을 보이기도 합니다.

한 TV 프로그램에서 다이어트 약의 오남용 사례를 방송한 적이 있습니다. 여러 영화에도 출연한 적이 있는 배우가 대로변에서 허공에 주먹을 날리는가 하면 길에서 누웠다 일어나기를 반복하다 경찰에 적발됐습니다. 처음에는 마약 중독자로 오해를 받았는데, 알고 보니 다이어트 약을 장기간 복용해서 생긴 부작용이었습니다. 어느 날 갑자기 계속 "싸워, 싸워, 싸워"라는 환청이 들리기 시작했고, 흰빛 같은 것이 몸에 들어오는 것도 느꼈다고 합니다.

또 어떤 이는 다이어트 약을 복용한 후 하늘의 계시를 받았다면서 점차 폭력적으로 변했고 급기야 어머니를 불붙여 죽이겠다고 협박까지 했다고 합니다. 어떤 사람은 가족들과 말다툼하다가 집에 불을 지른 일도 있었습니다. 어이없게도 이런 환청과 환각 등은 다이어트 약의 오남용으로 인한 것이었습니다.

그런데 청소년도 다이어트 약을 처방받을 수 있나요?

식약처의 〈의료용 마약류 식욕억제제 안전사용 기준〉에 따르면 마약 성분이 든 다이어트 약은 모두 의사 처방이 있어야만 구매할 수 있습니다. 16세 미만은 아예 구매할 수 없고, 〈마약류 관리에 관한 법률〉(이하 마약류 관리법)에 따라 향정신성의약품은 개인 간의 거래가 금지되어 있습니다.

그런데도 청소년이 식욕 억제제를 구한다고 SNS 등에 올리면 대리 구매(댈구)를 해 주겠다는 댓글이 순식간에 달립니다. 대리 구매자가 처방을 받아 구매한 후 집이 아닌 편의점 택배로 보내 주는 등 수법이 다양합니다.

다이어트 약을 구하는 사람들 사이에서는 처방을 쉽게 해 주는, 소문난 몇몇 병원이 있습니다. 이 병원들은 계속 공유되고, 병원 문이 열리자마자 몰려드는 '오픈 런' 현상까지 생길 정도로 인기가 많습니다. 새벽부터 대기 줄이 장난 아닙니다.

의료 전문가들은 이런 병원들의 처방 내역을 보면, 사실은 건강에 치명적일 수 있는 약들로 아슬아슬하게 구성돼 있다고 우려합니다. 일례로 억지로 식욕을 떨어뜨리고 잠이 안 오게 하는 약들로 구성돼 있다는 것입니다. 이런 약들을 복용하면 당장은 효과가 있을지 몰라도 한번 잃은 건강은 회복하기 어렵다는 점을 명심해야 할 것입니다.

다이어트에는 약이 아닌 운동이 필요하다.

　이러한 약들을 온라인으로 거래하면 파는 사람뿐 아니라 구매하는 사람도 모두 처벌받습니다. 〈마약류 관리법〉 제61조 제1항에 따르면, '5년 이하의 징역 또는 5천만 원 이하의 벌금'에 처해질 수 있습니다.

　주변에서 누가 운동이나 식이요법 없이 다이어트 약만 먹고 단기간에 4~5킬로그램이 빠졌다고 말한다면 마약류 약을 복용했을 가능성이 큽니다. 누구나 알다시피 다이어트는 운동과 식이요법을 병행하지 않고는 성공하기 어렵습니다. 드라마틱한 결과를 주는 것 같지만, 결국 중독으로 몸을 망가뜨리는 이런 마약을 이른바 '생활마약'이라고 합니다.

Q **3.** 약물 중독이 뇌 질환이라고 하던데, 뇌에 어떤 영향을 끼치기에 그런 건가요?

A 일단 약물에 중독되면, 뇌는 다른 것으로는 만족과 기쁨을 느끼지 못하고 반드시 약물로 보상받으려고 합니다. 내가 어떤 것에 기쁨을 느끼고 뿌듯했으며 즐거웠는지조차 잊어버립니다. 즉, 일상에서는 행복을 얻지 못합니다.

청소년들이 약물에 중독되는 이유는 약물을 통해 현재의 고민이나 스트레스 등에서 벗어나려고 하기 때문이지요. 처음에는 약물이 기분 좋은 상태를 만들어 주는 것 같지만, 계속 복용하면 뇌의 보상회로가 망가지면서 스트레스에 오히려 더 약해집니다. 그래서 약물을 계속 복용하지 않으면 기분 좋은 상태는 줄어들고 스트레스는 이전보다 커져 더 강한 약물을 찾게 되는 것이지요. 그러다가 결국 약물 없이는 하루도 살 수 없는 지경에 이릅니다.

Q 약물을 잘못 알고 복용하는 경우도 있겠지만 호기심에 찾는 청소년도 적지 않을 것 같습니다. 이런 일을 막으려면 어떻게 해야 할까요?

A 먼저 청소년들이 올바른 약물 복용법을 알고 지키게 해야 할 것입니다. 현재 먹는 양으로는 문제가 해결되지 않고 효과도 적은 것 같다고 해서 함부로 양을 늘리면 안 된다고 알려 줘야 합니다.

이런 당부도 해야 합니다.

친구나 선배가 '기분이 좋아지는 약'이라고 권할 때 잘 모르는 약이라면 절대 먹어서는 안 된다. 호기심에 '나도 한 번 해 볼까?' 하는 생각은 하지 말아야 한다. 우울, 불안, 공부 스트레스 같은 심리적인 요인으로 약을 먹고 싶다는 충동을 느낀다면, 적절한 상담 치료를 받자. 약물로 해결하려는 선택을 해선 안 된다고 말이지요.

학생이나 자녀가 심리적으로 어려움을 겪고 있지는 않은지 늘 살펴야 하는 이유입니다. 청소년들에게 불안과 스트레스를 스스로 해결할 방법을 안내한다면, 약물 의존이라는 나쁜 선택도 줄일 수 있습니다.

● 청소년사이버상담센터: 위기에 처했거나 복지 지원이 필요한
청소년을 24시간 상담해 주는 곳

– 홈페이지: www.cyber1388.kr

– 전화 상담: 국번 없이 1388 / 휴대전화로 할 때는 지역
번호+1388

– 카카오톡 상담: '청소년상담1388' 채널 추가 후 채팅 상담

– 페이스북 메신저 앱 상담: '청소년상담1388' 검색 후 상담

– 인스타그램 상담: '청소년상담1388' 검색 후 상담

– 라인 앱 상담: '@cyber1388' 친구 추가 후 채팅창에서 메시지
보내기

● 위Wee: 교육청 소속 기관으로, 위기에 처한 청소년을 종합적으
로 지원해 주는 서비스

– 홈페이지: www.wee.go.kr

● 정신건강복지센터: 보건복지부 소속 기관. 정신적으로 어려움을 겪는 시민들을 위해 전문적인 상담과 프로그램 등의 서비스를 제공하는 곳

－각 지역 보건소 내 위치[지역명＋정신건강복지센터로 온라인 검색 가능. 예: 마포구정신건강복지센터(mmhwc. or.kr*), 강서구정신건강복지센터(www.kscmhc.or.kr**), 경주시정신건강복지센터(www.gjmind.or.kr***)]

● 청소년상담복지센터: 청소년의 고민과 문제를 해결할 수 있도록 돕는 기관으로, 전국에 약 138개소가 있다.

－각 지역 보건소 내 위치[지역명＋청소년상담복지센터로 온라인 검색 가능. 예: 서울시청소년상담복지센터(www. teen1318.or.kr)]

● 상다미쌤: 교육부와 열린의사회 등이 함께 학교폭력 관련 상담을 해 주는 곳

－카카오톡 상담: '상다미쌤' 채널 추가 후 채팅 상담

－페이스북: bit.ly/sdms_fb*

－인스타그램: bit.ly/sdms_insta**

● 다들어줄개 : 365일 24시간 열려 있는 '나우톡해 청소년모바일 상담센터'다.

– 홈페이지 : www.teentalk.or.kr

– 문자 상담 : 1661-5004

– 카카오톡 채널 : pf.kakao.com/_CxoBxcC

– 페이스북 : www.facebook.com/allhearu

Q 4. 지금까지는 약물 중독에 대해 얘기를 나눴는데요, 이제 마약류에 대해 본격적으로 얘기를 나누면 좋겠습니다. 먼저 마약은 무엇인가요?

A 세계보건기구는 마약을 다음처럼 정의하고 있습니다.

① 약물 사용의 욕구가 강제에 이를 정도로 강하고(의존성),

② 사용 약물의 양이 증가하는 경향이 있으며(내성),

③ 사용하다가 중단 시 온몸에 견디기 어려운 증상이 나타나며(금단 증상),

④ 개인에 한정되지 아니하고 사회에도 해를 끼치는 약물[3]

대검찰청이 발간한 2022년 《마약류 범죄백서》에서는 마약을 다음처럼 정의합니다.

중추신경계에 작용하면서 오용하거나 남용할 경우 인체에

심각한 위해가 있다고 인정되는 약물을 말함. 일반적으로 마약·향정신성의약품·대마를 구분하지 않고 마약이라고 칭하는데, 정확한 용어는 '마약류'이며, 마약은 마약류의 한 갈래임.

마약은 영어로는 나코틱narcotic과 드럭drug 두 가지로 표현됩니다. 나코틱narcotic은 '무감각'을 뜻하는 그리스어 나코티코스narkotikos에서 유래한 것으로, 소량을 복용했을 때는 수면과 진통 효과가 있고 다량을 복용했을 때는 위험하고 습관성이 있는 약물을 말하지요. 드럭drug은 즐거움과 흥분을 위해 습관적으로 섭취하는 물질을 말하고요. 꼭 구별해 쓰지 않아도 될 듯한데, 그럼에도 엄격히 구분한다면 드럭drug이 나코틱narcotic보다 더 큰 개념입니다. 드럭drug은 마약류를 모두 포괄하는 반면, 나코틱narcotic은 주로 아편에서 기원한 약물을 가리키니까요. 또 마약의 마 자를 삼 마麻, 저릴 마痲로 혼용해 쓰고 있는데, 〈마약류 관리법〉에서는 '麻藥'으로 표기하고 있으니 이를 따르는 것이 좋겠습니다.[4]

마약엔 어떤 것들이 있나요?

 앞에서도 정의했듯이 마약은 마약류의 한 종류로 중
추신경계에 작용하면서 오남용할 경우 인체에 심각
한 위해를 끼치는 약물입니다. 보통 원료인 생약에서 추출한
천연마약, 추출 알칼로이드alkaloid, 화학적으로 합성한 합성마
약으로 나눌 수 있습니다.

대검찰청 2022년 《마약류 범죄백서》에 실린 마약 분류

분류	품명	지정 성분 수	비고
천연마약	양귀비, 아편, 코카 잎	3	
추출 알카로이드	모르핀, 코데인codeine, 헤로인, 코카인 등	35	일부 의료용 사용
합성마약	페티딘, 메타돈, 펜타닐 등	104[2]	일부 의료용 사용

천연마약은 대마, 양귀비, 코카 잎처럼 자연에서 채취한 마
약을 말하고, 추출 알칼로이드는 대마, 양귀비, 코카 잎 같은
천연재료에서 알칼로이드만 추출해 정제한 마약을 말합니다.

 알칼로이드

식물체에 들어 있는 질소를 포함한 염기성 유기 화합물을 통틀어 이르는 말. 동물의
신경계에 영향을 미친다. 모르핀·코카인이 대표적이다.

예를 들어 덜 익은 양귀비 열매에 상처를 내서 나온 진을 모아 건조한 것이 천연마약인 아편이라면, 아편에서 추출한 알칼로이드 중 하나가 모르핀morphine입니다. 아편보다 모르핀이 훨씬 중독성이 강한 이유이지요. 모르핀을 아세틸화해서 만든 억제제가 헤로인heroin이고요. 아편→모르핀→헤로인 순서로 중독성이 강합니다.

합성마약은 모르핀의 중독성을 없애면서 진통과 각성 효과를 내려고 화학적으로 합성한 것인데, 화학 구조에 따라 여러 종류로 나뉘는데, 페티딘pethidine계와 메타돈methadon계가 대표적입니다. 요즘 크게 문제가 되고 있는 펜타닐은 페티딘계 약물입니다. 1939년 독일은 제2차 세계대전으로 아편 수입이 막히자 페티딘이라는 약물을 개발했는데, 진통제로 전 세계에 소개된 이 페티딘의 구조를 기반으로 나온 것이 펜타닐입니다. 펜타닐의 중독성이 얼마나 강력한지는 이후에 계속 이야기하겠습니다.

마약류는 신체에 미치는 독성과 의존 정도를 기준으로 삼으면, 소프트 드럭soft drug과 하드 드럭hard drug으로도 나눌 수 있습니다. 소프트 드럭은 금단 증상이나 의존성, 몸에 해로운 정도가 비교적 약합니다. 대마초, 엑스터시, GHBgamma-Hydroxybutyric acid(일명 물뽕), LSDlysergic acid diethylamide, 환각 버섯 등이 여기에 속하지요. 하드 드럭은 중독성이 강하고

양귀비

덜 익은 양귀비 열매에 상처를 내서 흘러나온 진을 모아 말린 것이 아편이다. 아편에는
모르핀을 비롯해 30가지 이상의 알칼로이드가 들어 있다.

코카인. 코카인은 코카 잎으로 만들며, 강한 각성제다. 각성제는 중추신경계를 흥분시켜 잠들지 못하고 피로도 느끼지 못하게 한다.

금단 증상도 심합니다. 한두 번만 투약해도 중독시켜 몸과 마음을 파괴합니다. 코카인cocaine, 헤로인, 메트암페타민, 펜타닐 등이 여기에 속하지요.

마약류는 복용했을 때 나타나는 효과를 기준으로 나누기도 합니다. 기분을 업up시키는 각성제(흥분제), 다운down시키는 억제제(진정제), 환각제로 나눌 수 있습니다. 각성제는 신경과 신체 활동을 활발하게 하는 약물로 코카인·암

코카콜라는 1886년 처음 만들어졌는데, 당시엔 코카 잎에 든 코카인과 콜라나무 열매에 든 카페인을 섞어 만들었다. 코카인의 중독성이 밝혀지면서 코카인을 뺐다.

전쟁과 마약은 뗄 수 없는 관계다. 제2차 세계대전 때 독일은 펜타닐의 기원이 되는 약물을 만들었다.

제2차 세계대전 당시 일제는 가미카제, 이른바 '자살특공대'를 출격시켰다. 군인들은 출격 전, 천황이 하사한 정종을 마셨는데, 거기에는 히로뽕이 들어 있었다고 한다.

───────────⊂⊐ 각성제 ▶───────────

중추신경계, 교감신경계 등 신경계에 작용하는 물질로, 몸 전체의 작용이 일시적으로 활성화된다.

페타민amphetamine·메트암페타민·엑스터시 등이 있고, 억제 제는 신경과 신체 활동을 느리게 하는 약물로 헤로인·모르핀 등이 있습니다. 환각제는 지각을 왜곡하고 감각한 것이 없는 데 마치 감각한 것처럼 느끼게 하는 약물로 대마초, LSD 등이 있습니다.

Q 새로운 마약류가 계속 늘어나고 있고, 알려지지 않은 신종 마약류도 있다고 하던데요.

A 네, 우려스러운 현실이지요. 추출하고 합성하는 기술 이 발달하면서 새로운 마약이 계속 만들어지고 있습 니다. 이런 마약들은 법에 등재돼 있지 않아서 당연히 처벌이 어렵습니다.

GHB와 프로포폴Propofol만 해도 마약류로 등재된 지 오래 되지 않았습니다. 제가 검사로 일할 때 처음 마약류로 등재하 도록 했습니다. 법령상 마약류로 등재해 놓지 않으면 형사처 벌 등 법적으로 규제할 수 없기 때문입니다.

GHB는 주로 성폭력 수단으로 악용되고 있어서 미국에서 는 '데이트 강간 약물Date Rape Drug'로 알려져 있습니다. 또 프 로포폴은 세계적인 가수 마이클 잭슨이 과다 투약해서 사망한 마약류로 우리나라에서도 연예인이나 유흥업소 종사자 등이

마약류에 중독돼 사망한 스타들. (위 왼쪽부터 시계 방향) 에이미 와인하우스(영국 가수), 마이클 잭슨(미국 가수), 휘트니 휴스턴(미국 가수), 히스 레저(미국 배우), 쿨리오(미국 래퍼). 새로운 마약류는 계속 만들어지기 때문에 주의해서 살펴야 한다.

잠을 자기 위한 수단으로 오남용하면서 사회 문제로 떠오르게 되었습니다. 프로포폴 역시 제가 수사해서 2010년 세계 최초로 마약류로 등재하도록 했습니다.

이처럼 마약이 분명한데도 법령상으로 마약류로 등재해 놓지 않으면 죄형법정주의 원칙상 법적 규제가 어렵기 때문에 신종 마약을 적발하기 위해 꾸준히 노력해야 하고, 적발되면 법령상으로 등재해 놓는 작업도 빠뜨리지 말아야 할 것입니다.

⬤ **죄형법정주의** ▶

형법의 기본 원칙이다. 어떤 행위가 범죄이고 그 범죄를 저질렀을 때 어떤 처벌을 할 것인가는 미리 법률에 규정되어 있어야 한다는 원칙이다. 〈형법〉 제1조 제1항에서 '범죄의 성립과 처벌은 행위시의 법률에 의한다'고 죄형법정주의 원칙을 명확히 규정하고 있다. 〈헌법〉에도 관련 규정이 있다. 제12조 제1항에서 '누구든지 법률에 의하지 아니하고는 체포·구속·압수·수색 또는 심문을 받지 아니하며'라고 규정하고 있고, 제13조 제1항에서도 '모든 국민은 행위시의 법률에 의하여 범죄를 구성하지 아니하는 행위로 소추되지 아니'한다고 규정하고 있다.

⬤ **신종 마약** ▶

우리나라에서는 2011년 7월 1일부터 '임시마약류' 지정 제도를 시행하고 있다. 법령 개정까지 시간이 걸리는데 그 과정에서 발생하는 법과 현실의 괴리를 극복하고 공중보건과 안전을 보호하기 위한 조치로, 신종 마약에 대한 신속한 규제와 대응을 위한 것이다. 이 제도를 통해 정부는 신종 마약이 발견되면 임시마약류로 지정해 즉각 통제하고 조사할 수 있다. 정부는 제도 시행 이후 2023년 11월 28일까지 총 263종의 임시마약류를 지정했고, 이 중 161종은 이후 의존성 평가 등을 거쳐 정식 마약류로 등재했다. 임시마약류 지정 현황은 식품의약품안전처 홈페이지www.mfds.go.kr 통합검색란에서 '임시마약류'로 검색하면 확인할 수 있다.

Q 5. 마약과 마약류는 어떻게 다른가요?

A 흔히 마약, 대마, 향정신성의약품을 모두 마약이라 부르는데, 정확하지 않은 표현입니다. 셋을 아울러 '마약류'라고 합니다. 마약은 마약류의 한 부류인 거지요.

마약류는 보통 기분, 생각 등에 변화를 줄 목적으로 사용하는 물질을 말하는데 마약과 대마, 향정신성의약품으로 나눕니다. 〈마약류 관리법〉에도 마약, 대마, 향정신성의약품을 마약류로 묶어 놓았습니다.

마약류는 오남용하면 의존성과 내성이 생겨 사용을 중단할 경우 금단 증상이 나타납니다. 마약류에 중독되면 자신뿐 아니라 사회에 해를 끼치게 되기 때문에, 오남용을 막기 위해 법으로 강력히 규제합니다. 허가 없이 제조, 소유, 판매, 사용 시모두 처벌을 받습니다.

<마약류 관리법>에서 지정한 마약류[5]

분류		종류	약리 작용 (각성/억제)	의약 용도	사용 방법	부작용	작용 시간
마약	천연 마약	아편	억제	진정, 진통	경구, 주사	도취감, 신체 조정력 상실, 사망	3~6
		모르핀	억제	진정, 진통	경구, 주사		
		헤로인	억제	진정, 진통	경구, 주사		
		코카인	각성	국소 마취	주사, 코 흡입	흥분, 정신 혼동, 사망	2
	합성 마약	메타돈	억제	진정, 진통	주사	아편과 동일	12~24
		염산페티딘	억제	진정, 진통	주사	아편과 동일	3~6
향정신성 의약품		메트암페타민	각성	식욕 억제	경구, 주사, 코 흡입	환시, 환청 피해망상, 사망	12~34
		바르비탈Barbital류	억제	진정, 수면	경구, 주사	취한 행동, 뇌 손상, 호흡기 장애, 감각 상실	1~6
		벤조디아제핀 benzodiazepine류	억제	신경 안정	경구, 주사	취한 행동, 뇌 손상, 호흡기 장애, 감각 상실	4~8
		LSD	환각	없음	경구, 주사	환각, 환청, 환시	8~12
		날부핀 nalbuphine	억제	진정, 진통	주사	정신 불안, 호흡 장애, 언어 장애	3~6
		덱스트로 메토르판 dextromethorphan, 카리소프로돌 carisoprodol	억제	진해거담 (鎭咳祛痰, 기침과 가래를 없애 준다는 뜻)	경구	취한 행동, 환각, 환청	5~6

분류	종류	약리 작용 (각성/억제)	의약 용도	사용 방법	부작용	작용 시간
향정신성 의약품	펜플루라민 fenfluramine	억제	식욕 억제	경구	심장판막질환, 정신분열	6~8
	케타민 ketamine	억제	동물 마취	경구, 주사, 흡연	맥박과 혈압 상승, 호흡 장애, 심장마비	1~6
대마	대마	환각	없음	경구, 흡연	도취감, 약간 환각	2~4

Q **6.** 향정신성의약품은 무엇인가요?

A 향정신성의약품은 사용할 경우 중추신경계를 자극해 사고, 행동, 감정 등에 변화를 일으키는 물질입니다. 환각, 각성, 수면 또는 진정 등의 상태를 나타냅니다. 대검찰청 2022년 《마약류 범죄백서》에 따르면, 다음처럼 나눌 수 있습니다.

중추신경계central nervous system, CNS

우리 몸의 신경계는 중추신경계와 말초신경계로 나눌 수 있는데, 중추신경계는 뇌와 척수로 구성되어 있다. 중추신경계는 컴퓨터로 치면 CPU에 해당하는 곳으로, 몸이 감각한 것을 통합하고 조정하는 중요한 역할을 한다.

분류	품명	지정 성분 수	비고
가목	LSD, 메스카티논methcathinone 및 그 유사체, 크라톰kratom, JWH-018 및 그 유사체 등	119	의료용 불사용. 심한 신체적 또는 정신적 의존성을 일으키는 약물
나목	암페타민, 메트암페타민, MDMA(엑스터시), 케타민 등	44	의료용으로 매우 제한해 사용. 심한 신체적 또는 정신적 의존성을 일으키는 약물
다목	바르비탈, 리세르그산 아미드 lysergic acid amide, 펜타조신 pentazocine 등	61	의료용 사용. 그리 심하지 아니한 신체적 의존성 또는 심한 정신적 의존성을 일으키는 약물
라목	디아제팜diazepam, 펜플루라민, 졸피뎀zolpidem, GHB, 카리소프로돌, 프로포폴 등	76	의료용 사용. 다목보다 신체적 또는 정신적 의존성을 일으킬 우려가 적은 약물

메트암페타민(일명 히로뽕). 강력한 각성제. 의존성이 매우 높아 빠르게 중독시킨다. 우리나라에는 메트암페타민 중독자가 가장 많다.

엑스터시. 1914년 독일 의약품 회사에서 식욕 감퇴제로 개발한 후, 1980년대 유럽의 클럽에서 사용되기 시작했다. 복용하면 성욕이 증가한다. 메트암페타민보다 가격은 저렴하면서 환각 효과는 3배 높다. 주로 알약 형태이지만 분말로도 사용되고 있다. 복용 후 20~60분 정도 지나면 입이 마르고 동공이 커지며 극도로 흥분하게 된다. 계속 복용하면 불안, 초조, 환각, 환청, 구토, 혈압 상승 등 부작용을 일으키고 심할 경우 심장마비로 사망하게 한다.

케타민. 유흥업소와 클럽 등에서 '데이트 강간 약물'로 불린다. 정맥이나 근육에 주사하거나 흡연, 흡입으로 투약한다. 환각 작용이 강력하고, 맥박이 빨라지고 혈압을 상승시켜 호흡 장애, 심장마비를 유발할 수 있다.

GHB. 엑스터시와 함께 파티용 마약으로 자주 사용되며 성범죄에 악용되는 경우가 많다. 대표적인 데이트 강간 약물이다. 백색 분말 또는 액체 형태이며 음료에 타면 10~15분 이내에 효과를 나타내고 3~4시간 동안 지속된다. 24시간 이내에 체외로 배출되기 때문에 사후 추적이 어렵다. '버닝 선 사건'으로 크게 주목받았다.

야바. 메트암페타민(30퍼센트), 카페인(60퍼센트), 코데인(10퍼센트) 등 각종 환각 성분을 혼합해 알약 형태로 제조한 것이다. 노란색이나 붉은색을 띤다. 환각 작용이 강력하고, 도파민을 과도하게 분비시켜 격한 흥분 상태에 빠뜨린다. 신경조직을 파괴하고 탈수 증세, 음식물 섭취의 어려움 등을 겪게 한다. 도취감, 흥분감, 공격성, 우울증 등 부작용을 일으키며 수일간 다량 복용하면 정신 착란, 공포, 환각 증상도 유발한다.

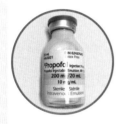

프로포폴. 불면증, 피로감, 불안감을 해소하고 기분을 좋게 한다. 중추신경계 통증을 억제하는 반면, 무호흡과 혈압 저하를 비롯한 두통, 어지러움, 경련, 구토, 흥분, 착란 등의 증상을 나타낸다.

LSD. LSD는 무색무취의 분말 또는 알약 형태로, 가격이 저렴해서 청소년을 비롯한 젊은 층에서 많이 퍼졌다. 보통 우표 모양의 종이에 그림으로 인쇄돼 판매된다. 옆의 사진처럼 혀에 붙여 복용한다. 환각 효과가 메트암페타민의 약 300배나 된다. 공포, 불안, 두려움 등에 빠지게 하고 실질적인 범죄로 이어질 수 있는 위험한 행동을 유발한다.

일본의 사이비 종교 옴진리교 교주 아사하라 쇼코. LSD 중독자로 알려져 있다. 아사하라는 1995년 3월 20일, 신도들을 시켜 도쿄 지하철 안에 독가스(사린 가스)를 살포했다. 5천여 명이 중독돼 쓰러졌고 이 중 12명은 사망했다.

Q 7. 대마는 무엇인가요?

A 대마는 삼이라고 하죠. 역사책을 보다 보면 삼베옷이 나올 텐데요, 이 대마 줄기에서 나온 것입니다. 우리나라에서는 고대부터 대마를 섬유 재료로 널리 재배해 왔습니다. 줄기는 삼베나 그물을 짜는 원료로, 열매는 향신료나 한방 약재로, 종자는 조미료용이나 짜서 기름으로 썼지요. 잎과 꽃은 흡연용, 즉 대마초로 사용했고요.

이 대마의 잎이나 암꽃을 말려서 담배처럼 피우는 것이 대마초입니다. 마리화나라고도 하죠. 마리화나는 스페인 여자 이름 중에서 가장 흔한 마리아와 후아니를 합쳐 만든 말로, '여자 품에 안긴 것처럼 아늑하다'는 뜻입니다. 마리화나를 피우면 기분이 아주 좋아지는 데서 비롯된 말일 것입니다. 대마초를 피우면 청각이 특히 예민해져 가수들이 즐겨 피웠지요.

대마와 대마초(아래). 대마초는 흥분과 억제 작용을 동시에 하지만, 보통 환각제로 분류된다. 남용할 경우 공중에 뜨는 느낌과 빠른 감정의 변화를 경험하며, 집중력 저하와 자아상실감, 환각, 환청 등을 겪게 한다. 환각 상태에서 강력 범죄를 저지르고, 대마초보다 약효가 강력한 다른 마약류를 찾게 할 가능성도 높다.

해시시와 해시시 오일(오른쪽)

대마에선 환각 성분인 테트라히드로칸나비놀tetrahydrocan nabinol, THC을 추출할 수 있는데 이것을 건조한 것이 해시시(대마 수지)입니다. 해시시를 알코올 등에 녹여 20퍼센트 정도로 농축한 것이 해시시 오일(대마 오일)이고요. 해시시와 해시시 오일은 보통 흡연 방식으로 투약합니다.

마약류로서 대마는 대마초와 해시시, 이들을 원료로 삼거나 화학적으로 합성한 제품 그리고 이들을 함유하는 혼합 물질을 말합니다. 대마의 줄기와 뿌리, 종자 그리고 이것들을 이용한 제품은 마약류로 보지 않습니다.

Q 8. 마약에 중독된 유명인들 기사를 보면 자신은 중독되지 않을 자신이 있었다고 하지만 결국 그들도 인정했듯이 마약에 중독되면 거의 끊기가 어려운데, 왜 그런가요?

A 가족도 포기하는 것이 '마약 중독'이라고 하지요. 그만큼 한 번 중독되면 끊기가 어렵다는 것입니다. 마약 중독은 뇌 질환에 속합니다. 뇌 속에는 도파민, 세로토닌, 아드레날린 등의 신경전달물질이 있는데 이 중 중독은 도파민과 관련이 있습니다. 도파민은 행복감을 넘어 황홀한 쾌락까지 느끼게 하거든요.

마약은 도파민을 과도하게 분비시켜 극단적인 쾌감을 느끼게 합니다. 이 쾌감이 처음이자 마지막이란 말이 있지요. 이 첫 쾌감을 잊지 못해 복용량을 더 늘리고 그러다 보면 보상회로가 망가집니다.

마약으로 인해 뇌가 손상되면 평소처럼 생활하기 어렵습니다. 마약을 하기 전에는 게임이나 운동을 통해서 스트레스를 풀고 정서적으로 안정을 찾았던 사람도 마약을 한 이후에는 이런 것으로 만족할 수 없게 됩니다. 우울과 짜증이 반복되고, 다시 마약을 하지 않으면 고통스럽기만 합니다.

특히 모르핀이나 헤로인 같은 억제제는 초기부터 금단 증상이 강력하게 나타나지만, 메트암페타민과 코카인 같은 각성제는 초기에 두드러진 생리적 반응이나 생명을 위협할 만한 부작용이 나타나지 않아 스스로 조절이 가능하다고 자신하게 됩니다. 하지만 각성제를 한 번 경험한 뇌는 이후에 그것이 다시 자기 몸에 들어오는 순간만을 기다린다고 합니다.

마약은 술, 담배와는 차원이 다른 중독성이 있음을 잊으면 안 됩니다. 술, 담배보다 뇌를 더 빠르게 손상시키고, 어떤 마약류는 단 한 번 투약으로 뇌를 변형하거나 손상시킵니다.

스트레스 + 약 = ?

운동

게임

취미 활동

건강하게 스트레스를 해소하는 데는 다양한 방법이 있습니다.

만약 마약으로 스트레스를 풀려고 한다면…

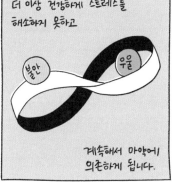

더 이상 건강하게 스트레스를 해소하지 못하고

불안

우울

계속해서 마약에 의존하게 됩니다.

마약이 주는 쾌감이 너무 커서 끊기가 더 어려운 것인 가요?

마약을 못 끊는 이유가 쾌감을 높이려다 그렇게 된다고 생각하기 쉬운데, 그보다는 금단 증상이 동반하는 고통 때문이라고 보는 것이 더 맞을 것 같습니다. 그 고통을 피하려고 다시 마약에 손을 대는 것이지요. 따라서 행복감과 짜릿한 쾌감을 위해 마약을 한다고 생각하는 것은 큰 오해일 수 있습니다. 마약 중독자가 "하늘로 떠올라 천국을 엿보았다"고 하는 것은 아주 짧은 순간입니다. 곧이어 지옥과 같은 고통으로 떨어지니까요.

검사 시절을 돌아봐도 그렇습니다. 마약 범죄자 대부분을 다시 만났으니까요. 출소 후 얼마 되지 않아 마약에 또 손을 댄 것이지요. 수감 기간에는 '다시는 마약을 하지 말아야지' 하고 다짐했을 것입니다. 하지만 막상 출소하면 마약의 유혹을 이기지 못합니다. 심지어 마약 살 돈을 마련하려고 범죄를 저지르는 단계로까지 넘어갑니다. 단순 투약자였던 사람들이 공급책들의 하수인이 되거나 직접 공급에 뛰어드는 등 심각한 마약 범죄자로 진화하는 경우가 많습니다. 이런 배경 때문에 마약 사범 재범률은 다른 범죄에 비해 월등히 높습니다. 대검찰청 등에 따르면, 2021년 기준 36.6퍼센트라고 합니다.[6]

검사 시절, 당시 이름만 대면 알 수 있는 유명 연예인을 마약 사범으로 구속한 적이 있습니다. 그는 외국에서 마약을 몸에 숨기고 들어와 투약하다가 적발됐습니다. 비록 초범이지만 밀수까지 해 온 것이라서 법정형이 매우 무거웠죠. 결국 구속했습니다. 그는 눈물을 흘리면서 모든 범행을 자백하고 다시는 마약에 손대지 않겠다고 다짐했습니다.

언론을 통해 출소 후 결혼해 단란한 가정을 꾸렸다는 소식을 접했습니다. 이제 마약에 다시 손을 대지 않겠구나 하고 안심했습니다. 하지만 그는 다시 마약에 손을 댔고, 처벌받은 후 얼마 지나지 않아 자살했습니다. 참으로 안타까웠습니다.

2023년에도 마약이 얼마나 끊기 어려운지 단적으로 보여 준 사건이 있었습니다. 마약 범죄 전력이 있던 유명 정치인의 아들이 메트암페타민을 투약했다가 가족들의 신고로 구속영장이 청구되었지요. 법원에서는 영장을 기각했습니다. 그런데 그는 불과 5일 만에 다시 약에 손을 댔습니다. 가족들의 신고로 다시 구속영장이 청구되었고, 결국 구속되었습니다.

이처럼 마약은 한 번 중독되면 개인의 의지만으로는 끊기 어렵습니다. 전문가의 도움을 받아 적극적으로 치료와 재활에 힘써야 합니다.

Q 9. 중독되면 어떤 증상이 나타나나요?

A 흔히 마약 중독 하면 마약 없이 살기 어려운 말기 중독자만 떠올리기 쉬운데, 계속 마약을 투약한다면 이미 중독에 접어든 것입니다. 필요할 때만 마약을 투약한다고 생각하는 것은 큰 오해예요.

마약은 혈액을 타고 온몸을 돌기 때문에 몸 여기저기에서 문제를 일으킵니다. 간을 비롯한 모든 장기에 악영향을 끼치죠. 또한 마약을 하면 뼈가 약해져 쉽게 부러지고, 구토가 잦고, 구토할 때 역류한 위산에 식도가 녹고 치아와 잇몸도 망가집니다. 메트암페타민 부작용 중에 '메스 마우스meth mouth'라는 것이 있는데, 치아가 상하는 증상이에요. 마약을 하면 일단 양치질 같은 구강 위생에 신경을 쓰지 못하게 되고, 침샘이 마르면서 치아 우식증에도 쉽게 걸립니다. 중독되면 이갈이도

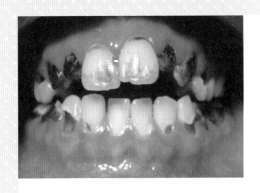

메트암페타민 부작용 중
하나인 '메스 마우스'

심하게 하고요. 자연 치아나 잇몸이 건강하기 어려운 환경이
되죠. '메스 버그meth bug'는 피부에 벌레가 기어 다니는 것 같
은 가려움증을 느껴 과도하게 긁는 부작용입니다. 흉터가 심
하게 남지요.

신체적인 변화보다 정신적인 변화는 더 심각합니다. 과도
한 도파민 분비로 인해 뇌의 신경전달물질이 조절이 되지 않
아 균형이 깨지고 환청, 망상 등의 증상이 나타나는 경우가 많
습니다. 투약자들끼리는 이런 상태를 쭈라라고 합니다. 쭈라
는 특히 경찰이, 자신이 마약을 한 사실을 알거나 자신을 미행
한다고 믿는 망상에서 비롯됩니다. 이런 상태에 이르면 자신
뿐 아니라 타인까지 다치게 합니다. 실제로 환각 상태에서 엄
마가 자신을 죽이려는 괴물로 보여 살인한 경우도 있고, 하늘
을 날 수 있다고 생각해 고층 건물 옥상에서 뛰어내려 사망한
경우도 있었습니다. 외국에서는 보모가 돌보던 아이를 칠면조

로 착각해 오븐에 넣어 죽게 한 사건도 있었습니다. 자신도 모르게 2차 범죄를 일으키는 것입니다.[7]

마약에 중독되면 뇌세포가 손상돼 지능지수IQ도 떨어지고, 심하면 지적장애 수준에 이릅니다.

마약을 멈추면 바로 금단 증상이 나타나나요? 금단 증상에는 어떤 것들이 있나요?

사람의 뇌에는 보상회로가 있습니다. 사람은 생존하려면 음식도 먹어야 하고, 잠도 자야 하고, 성생활도 해야 하고, 사회 생활도 해야 하지요. 보상회로는 이런 행위들을 하면 기쁨, 쾌감 등을 느끼게 해서 그 행위를 반복하게 하는 조절 시스템입니다. 이 시스템이 가동되면 분비되는 것이 도파민인데, 마약을 하면 도파민이 과도하게 분비돼 시스템이 오작동을 일으킵니다. 텔레비전 소리가 너무 크면 어떻게 하나요? 줄이죠. 뇌도 도파민이 너무 많이 분비되면 그 양을 줄입니다. 그럼 이전에 일상에서 느끼던 소소한 즐거움은 사라지고 약물을 처음 사용했을 때 쾌락을 다시 맛보기 위해 약물을 더 많이 사용하게 됩니다. 이런 일이 반복되면 결국 시스템이 망가지고 마는 것이지요.

마약을 하면 비록 짧은 시간이긴 하지만, 쾌락을 경험합니다. 평소의 몇 배부터 수십 배까지 느낀다고 해요. 문제는 쾌락의 시간이 끝났을 때입니다. 고통과 불안감이 몰려옵니다. 금단 증상이 일어납니다. 이를 막기 위해 다시 마약을 찾게 됩니다. 복용량은 점점 더 늘어나고요.

초기 금단 증상은 보통 일주일에서 한 달 사이에 나타나는

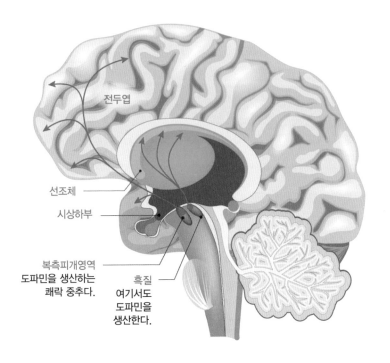

전두엽

선조체

시상하부

복측피개영역
도파민을 생산하는
쾌락 중추다.

흑질
여기서도
도파민을
생산한다.

보상회로인 도파민 경로

데 탈진, 복통, 두통, 환시, 환각, 수면 장애 등입니다. 만성 금단
증상은 앞 증상들이 복합적으로 나타나고, 마약에 내성이 생겨
무기력해지고 일상의 모든 것에 흥미를 잃는 것입니다. 단 한
번만 사용해도 만성 금단 증상이 나타나는 경우도 있습니다.

이외에도 체중 감소, 손발 저림, 탈모 등 금단 증상은 다양
합니다. 우울, 의욕 저하, 자아 상실 등 정신적인 고통도 여러
증상으로 나타납니다.

Q **10.** 성인보다 청소년이 더 쉽게 중독된다던데, 왜 그런가요?

A 청소년의 뇌는 완성된 것이 아니라 발달 과정에 있습니다. 특히 판단과 결정을 담당하는 전두엽이 청소년기에는 완전히 발달하지 않은 상태입니다. 사람의 뇌는 아동기 때부터 후두엽에서 두정엽, 전두엽 순으로 발달한다고 합니다. 즉, 전두엽의 발달이 가장 느리고 그중에서도 전전두엽은 20대가 되어야 발달을 마친다고 하지요.

이처럼 청소년기는 뇌가 아직 발달하는 중이라서 유연하게 열려 있습니다. 그러므로 스트레스나 약물 등 외부 자극에 민감하게 반응하고 부정적인 영향도 더 잘 받을 수밖에 없습니다. 청소년의 뇌가 성인 뇌보다 중독에 쉽게 빠지는 배경입니다. 더욱이 중독되면 전전두엽 발달에 문제가 생겨 병폐도 더 크게 나타납니다.

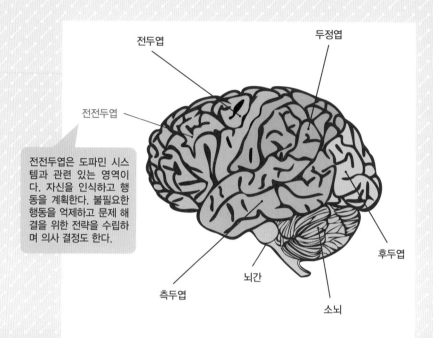

전두엽

두정엽

전전두엽

전전두엽은 도파민 시스템과 관련 있는 영역이다. 자신을 인식하고 행동을 계획한다. 불필요한 행동을 억제하고 문제 해결을 위한 전략을 수립하며 의사 결정도 한다.

후두엽

뇌간

측두엽

소뇌

청소년기에 마약에 중독돼 입는 손상은 이후 삶에 큰 영향을 끼칠 것입니다. 범죄, 자살 등 삶을 파괴하는 행위로까지 번질 수 있습니다. 청소년이 마약에 손대지 않게 적극적으로 예방에 힘써야 하는 이유이지요.

Q 그리고 여성이 남성보다 마약에 더 빨리 중독될 수 있다고 들었는데, 왜 그런가요?

A 여성이 남성보다 약물에 더 쉽게 중독된다는 것은 이제 꽤 알려진 사실입니다. 알코올만 해도 남성보다 횟수나 양이 적어도 중독되니까요. 여성이 대개 남성보다 체구가 작고 알코올 분해 효소도 적기 때문이라고 분석하기도 합니다. 또 보통 여성은 우울이나 불안 같은 기존 질환으로 인해 중독에 이르는 경우가 많습니다.[8] 그래서 비알코올 중독자나 남성 알코올 중독자보다 여성 알코올 중독자의 자살 시도 횟수가 훨씬 높다고 합니다.

미국 국립약물남용연구소의 조사 결과에 따르면, 여성은 남성보다 더 적은 양으로 코카인에 중독되고 코카인 의존도도 높았습니다. 《중독에 빠진 뇌》의 저자 마이클 쿠하 교수는 이런 현상이 여성과 남성의 뇌가 다른 데서 기인한다고 분석합니다. 특히 여성 호르몬 에스트로겐은 어떤 약물에 더 민감하게 반응하는데, 그중 하나가 코카인이라고 합니다.

Q 11. 우리나라에는 주로 어떤 마약이 들어와 있나요?

A 지금은 국경이 무의미한 세상이기 때문에 해외에서 유통되는 마약 대부분이 이미 들어와 있다고 볼 수 있습니다. 인터넷과 SNS의 발달로 주문과 배송이 쉬워지면서 거의 실시간으로 신종 마약이 국내에 들어온다고 해도 과언이 아니지요.

잠깐 시대별로 짚어 보면, 1970년대에는 대마, 1980년대에는 메트암페타민, 2000년대에는 각종 신종 마약류가 대거 들어왔습니다. 최근에는 주로 합성대마, 메트암페타민, 엑스터시, 펜타닐, 프로포폴을 사용한 사건이 많습니다. 특히 펜타닐, 프로포폴 등 의료용 마약 문제는 갈수록 심각해지고 있습니다.

화학적 합성 기술이 발달하면서 지금도 신종 마약이 계속 만들어지고 있습니다. 이런 마약 제조자들을 일명 '드럭 디자이너'라고 합니다. 이들은 수사기관의 감정 기법은 피하고 중

영화 〈독전 2〉 속의 드럭 디자이너들

독성은 높인, 기존 마약보다 훨씬 강력한 마약을 만들어 내고 있습니다.

Q 새로운 마약이 계속 만들어지고 있다면, 법으로 처벌하기 버거운 것 아닌가요?

A 걱정하시는 대로, 신종 마약은 마약이 분명한데도 법령상 마약류로 등재되지 않으면 적발이나 처벌이 어렵습니다. 최대한 빨리 적발해서 마약류로 등재하는 수밖에 없습니다.

또한 의료용 마약류가 다른 용도로 사용되는 경우도 신종 마약 사건으로 봐야 합니다. 식약처 2021년 통계에 따르면, 의료용 마약류를 처방받은 사람은 1,884만 명으로 전체 인구의 3분의 1에 해당합니다. 특히 10~20대를 중심으로 펜타닐 등이 크게 유행하는 것에 주목해야 합니다. 펜타닐은 중독성과 환각 효과가 모르핀의 100배, 헤로인의 50배나 됩니다.

프로포폴은 국내에서는 1992년부터 사용이 허가된 수면 마취제인데, 흰색 액체의 약제를 주사기로 투약합니다. 흰색 약제가 우유를 연상시켜 '우유주사'라고도 하지요. 마취제일 뿐 수면제는 아닙니다. 오히려 전원이 끊기듯 의식을 잃는 것에 더 가깝습니다. 그런데 잊을 만하면 〈연예인 ○○○ 프로포폴 상습 복용〉 같은 기사가 등장합니다. 프로포폴을 맞으면 푹 잔 것처럼 개운함을 느끼는 사람들이 있고, 이런 사람들은 계속 맞다가 중독되는 것입니다.

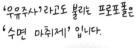

'우유주사'라고도 불리는 프로포폴은 '수면 마취제'입니다.

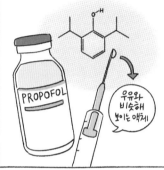

우유와 비슷해 보이는 액체

작용과 회복이 빨라 수면 마취가 필요한 수술이나 내시경 등에 이용했습니다.

수술은 잘 끝났습니다~

회복중

그런데 이런 효과를 악용하여 마약처럼 오남용하는 경우가 늘었습니다.

맘 편히 푹 자고 싶다…

주사할게요~

처방을 받았더라도 불법으로 투약을 한 사람, 받은 사람 모두 처벌받을 수 있습니다.

처방도 받아 왔으니 문제 없겠지…

불법

처방전

프로포폴은 의료용 약물이라 쉽게 구할 수 없을 텐데, 어떻게 중독이 될 수 있나요?

 그동안 프로포폴은 다른 마취제에 비해 작용 시간이 빠르고 깔끔하게 회복되어 많은 의사가 선호해 왔습니다. 그런데 앞서 말했듯이 투약 후 깨어났을 때 푹 자고 일어난 것 같은 개운함을 느끼는 사람들이 생기면서 점차 다른 용도로 쓰이기 시작한 것입니다. 특히 스트레스를 많이 받고 잠도 부족한 연예인들이나 유흥업소 종사자들이 이용하는 경우가 많아졌습니다. 안전한 약물이라고 생각했을지도 모릅니다. 그런데 2009년 6월 마이클 잭슨이 사망합니다. 사망 원인은 프로포폴 과다 투약이었죠. 프로포폴은 안정 용량과 치사 용량 사이의 간극이 좁고, 해독제가 없기 때문에 안전 용량을 초과하면 사망에 이릅니다. 이러한 부작용 때문에 미국에서는 마취전문의의 엄격한 통제하에 프로포폴을 투약하게 합니다.

 프로포폴처럼 마약류로 등재되면 어떤 변화가 생기나요?

 검사 시절, 프로포폴 오남용으로 사망한 사건을 꽤 많이 접했습니다. 프로포폴은 마취가 필요한 수술 등에

2

과거

NEWS 2009.06.

팝스타 마이클 잭슨 사망

프로포폴 과다 투여로 …
세계적인 팝스타 마이클

2023.00.00 뉴스

현재

유명 연예인 ○씨
'우유주사' 논란

PROPOFOL

프로포폴 오남용…
처방전 위조로…

과거부터 현재까지,
프로포폴 중독 문제는 계속
발생하고 있습니다.

의사는
수면 마취가 꼭
필요할 때만
제한적으로 사용하고,

일반인 역시
프로포폴을 목적으로
수면 내시경 등을
요구하지 않아야
합니다.

만 제한해 사용해야 하는데도 돈벌이에 눈이 먼 일부 의사들이 원하는 환자에게 비싼 가격에 투약하는 일이 빈번하게 일어났지요. 이들은 당시 건강보험을 적용하면 1~2만 원인 것을 수십 배인 30~40만 원을 받았습니다.

저는 이런 문제에 주목해 수사를 시작했지만, 당시만 해도 프로포폴이 법령상 마약류로 등재돼 있지 않아서 의사도 투약자들도 처벌할 수 없었습니다. 어떻게 할지 고민하다가 프로포폴을 오남용한 의사들을 무면허 의료 행위로 기소했지요.

그 이유는 이렇습니다. 문제가 된 병원들에서는 의사가 거의 관여하지 않고 간호사나 간호조무사들이 프로포폴을 투약했습니다. 프로포폴 투약은 마취라는 고도의 의료 행위임에도 의료법상 보조 행위만 할 수 있는 간호사나 간호조무사들이 주도한 것입니다. 간호사나 간호조무사는 무면허 의료 행위를 한 것이고, 의사들은 이에 가담했으니 무면허 의료 행위의 공범으로 본 것이지요.

이에 해당 의사들은 프로포폴 투약은 주사를 놓는 것과 같아서 간호사나 간호조무사도 할 수 있는 보조 행위라고 주장했습니다. 하지만 법원에서는 고도의 의료 행위에 해당한다는 제 주장을 받아들여 모두 유죄 선고를 내렸습니다.

그 수사를 계기로 저는 프로포폴을 마약류로 등재해야 한다고 법령 개정 건의를 했고 2011년 마약류로 등재되도록 했습니다. 현재 프로포폴은 마약류 중 향정신성의약품으로 지정되어 있습니다. 우리나라는 세계에서 최초로 프로포폴을 마약류로 등재한 나라가 되었고요. 지금은 프로포폴을 의료 목적이 아닌 다른 용도로 투약하면 투약자도 처벌을 받습니다.

Q 프로포폴이 마약이라고 하는데도 중독 사건이 계속 터지는데요, 아직 그 위험성이 충분히 알려지지 않았기 때문일까요?

A 유명 연예인들이나 재벌 2세뿐 아니라 일반인도 중독자가 많아졌습니다. 하루에 여러 병원을 돌아다니면서 수면 내시경을 빙자해 수차례 투약한 사건도 종종 적발되고 있습니다. 여느 마약과 마찬가지로 프로포폴에 중독된 이들은 처음의 효과를 다시 맛보기 위해 양을 점차 늘려 갑니다. 그러다 보면 치사량에 이르러 사망할 수도 있는데, 그 위험성을 아직 잘 알지 못하는 것 같습니다. 단지 처벌 문제만이 아니라 개인이 얼마나 큰 위험에 처할 수 있는지 더 많이 알려야 한다고 생각합니다. 의사는 수면 마취가 꼭 필요한 경우에만 쓰고, 일반인도 프로포폴을 투약할 목적으로 불필요한 수면 내시경이나 형식적인 시술 등을 요구해서는 안 될 것입니다.

　만약 의사가 프로포폴을 비롯한 의료용 마약류를 의료 목적 외로 투약, 제공한 경우에는 형사처벌을 받을 뿐 아니라[9] 최대 1년간의 자격 정지 처분까지 받을 수 있습니다.[10]

 프로포폴 투약은 의사의 처방만 있으면 처벌받지 않는 건가요?

A 의사의 처방이 있었더라도 투약 횟수가 지나치게 많으면 불법 투약으로 의심을 받습니다. 실제로 2023년 한 유명 연예인의 경우, 투약 횟수가 지나치게 많아 식약처에서 수사기관에 통보해 수사가 진행되기도 했습니다.

수사기관에서는 비록 의사의 처방에 따라 프로포폴을 투약했더라도 짧은 기간 동안 횟수가 많으면 무슨 이유로 투약한 것인지 구체적으로 살펴봅니다. 하루 또는 며칠 사이에 여러 번 투약을 한 경우, 굳이 수면 마취가 필요 없는 시술인데도 프로포폴을 사용한 경우, 시술을 하긴 했지만 횟수나 경위를 살펴볼 때 주된 목적이 시술보다는 프로포폴 투약으로 보이는 경우에는 불법 투약으로 보고 처벌을 합니다. 따라서 의사의 처방만 있으면 괜찮다는 생각은 잘못된 것입니다.

신종 마약 '물뽕'은 어떻게 발견되었을까

1998년 광주지검 강력부 검사로 근무하던 시절입니다. 당시 저는 마약 수사를 전담했습니다. 그중 한 사건으로 '히로뽕(메트암페타민이 정식 명칭이지만 여기서는 수사 당시 상황을 재현하기 위해 히로뽕으로 통일한다)'을 밀매하려는 일당들이 있다는 첩보를 입수했습니다. 이들을 잡기 위해 작전을 짰지요. 함께 근무하던 수사관들이 매수인으로 가장해 여러 번 거래를 시도한 끝에 마침내 판매상들과 접선에 성공했습니다. 다행히 접선 장소에서 일당을 모두 체포했고요.

그런데 이상했습니다. 현장에서 압수한 물건이 분명 히로뽕이라고 했는데, 보통의 가루나 크리스털 형태가 아니었습니다. 큰 생수통 두 개만 놓여 있었습니다. 약수터에 들고 가는 물통 크기였는데, 그 안에는 물처럼 생긴 투명한 액체만 담겨 있는 것입니다.

히로뽕이 액체인 이유를 묻자 판매상들은 제조 기술이 발달해서 액체 형태로도 만든다고 답했습니다. 그 말을 믿고 대검찰청과 국립과학수사연구소에 그 액체에 대한 감정을 의뢰했습니다. 결과는 뜻밖이었습니다. 그냥 '물'로 나온 것입니다.

판매상들을 다시 추궁했습니다. 히로뽕이 맞다는 답만 돌아왔습니다. 하지만 이것이 단순한 물이 아니라고 판단하고 유통 경로를 조사해 나갔습니다. 판매상들은 오산 미군기지의 한 미군에게서 구입했다고 자백했습니다. 미 공군 특수수사대에 수사 협조를 요청했습니다. 압수한 액체에 대한 성분 감정을 의뢰했지요.

액체 샘플은 곧바로 미국 본토의 감정기관으로 넘어갔습니다. 그러는 동안 저는 체포한 판매상들을 어떻게 처벌할지 법리적인 고민을 했습니다. 압수한 물건이 히로뽕이 아니라 물로 감정되어서 히로뽕 밀매 사범으로 처벌하기 어려웠기 때문이지요.

법조문을 샅샅이 뒤진 끝에 〈마약류 불법거래 방지에 관한 특례법〉에서 마약류가 아니더라도 마약류로 인식하고 거래하면 처벌할 수 있다는 조항을 찾아냈습니다. 판매상들은 자신들이 판매하려던 액체를 히로뽕으로 확신하고 있었기 때문에 이 조항으로 처벌이 가능한 상황이었지요.

석 달 정도 지나서 미군 측에서 감정서가 왔습니다. 그 액체는 GHB라는 신종 마약이었습니다! 미국에서도 막 퍼지기 시작한 것으로, 주로 성폭력 도구로 쓰여 데이트 강간 약물로 불리고 있었습니다. 클럽이나 술집 같은 곳에서 몰래 술이나 음료에 타서 여성들에게 먹인 후 의식을 잃으면 성폭력을 하는 데 쓰인 것이지요. 메트암페타민 등 보통 마약은 자신의 쾌락을 위해 쓰이는 반면, GHB는 여성들에게 몰래 투약한다는 점에서 용도가 달랐습니다.

GHB는 무색, 무취, 무맛이라서 피해 여성들은 알아차리기 어려웠습니다. GHB를 마시면 약물 효과가 지속되는 동안에는 아무 기억이 나지 않아 성폭력을 당해도 피해 사실을 입증하기 어려웠습니다. 보통 12시간에서 24시간 이내에 체외로 배출되기 때문에 소변 감정을 통한 객관적인 증거도 확보할 수 없었지요.

이 사건으로 저는 신종 마약인 GHB가 국내에서도 유통되고 있다는 사실을 처음 밝혀냈습니다. 언론에서도 큰 관심을 보였지요. 기자들에게 브리핑하는 날, GHB를 '물뽕'으로 처음 명명했습니다. '물로 만든 히로뽕'이란 뜻이지요.

이후 GHB를 마약류로 등재하기 위해 법령 개정 건의를 했고, 마약류로 등재할 수 있었습니다. GHB는 현재 〈마약류 관리법〉상 향정신성의약품으로 분류되어 형사처벌이 가능합니다.

물뽕은 2019년 버닝 선 사건이 터졌을 때 사회적인 이슈가 되었습니다. 당시 물뽕의 피해자로 주장하는 여성들이 나타났지만, 하루가 지나면 체외로 모두 빠져나가는 물뽕의 특성 탓에 수사기관에서는 객관적인 증거를 확보하지 못해 수사에 어려움을 겪었지요.

클럽이나 술집 같은 곳에서 모르는 사람이 주는 술이나 음료는 일단 조심해야 합니다. 스스럼없이 잘 어울리는 젊은 층에선 더

검사할 액체(술 혹은 음료)를 손가락에 묻혀 스티커에 바른다. 1분 후 이 사진처럼 스티커 색이 변하면 이 액체엔 마약이 들어 있는 것이다.

시중에서 판매 중인 마약진단키트(필메디 제품)

조심해야 하고요.

최근에 GHB가 음료나 술 안에 들어 있는지 확인할 수 있는 일반인용 마약진단키트가 나왔습니다. 음료를 스티커에 문지르거나 시험지를 음료에 담그는 방식으로 확인이 가능합니다. 이러한 키트를 미리 준비해서 확인하는 것도 마약 피해를 막는 방법이 될 수 있습니다.

주말 저녁

이 기사 봤어? 클럽에서 마약 범죄가 일어나기도 한다는데, 무섭지 않아?

CLUB

술이나 음료에 섞어도 티가 안 나는 GHB라는 마약을 사용한다더라구…

GHB ?

이거 한 잔 마셔요!

그 약물을 사용한 범죄를 피하기 위해 이 스티커를 가져왔어! 너도 핸드폰에 이거 붙여.

음료를 손가락에 살짝 묻히고, 스티커에 대면 끝! 색이 변한다면 마약이 든 음료라는 뜻이니 절대 마시면 안 돼!

이런 스티커가 필요 없는 안전한 사회가 되어야 겠지만, 피해를 막을 방법 이라면 알아 두는 것도 좋겠다!

Q **12.** 마약을 소지하거나 한두 번 투약했을 때도 처벌을 받나요?

A 우리나라에서는 마약을 투약하지 않고 소지만 하고 있어도 형사처벌을 받습니다. 마약 투약(흡입)을 비롯해서 소지, 제공, 매매, 매매 알선, 제조, 수출입 등 모두 범죄에 속합니다. 즉 마약과 조금이라도 관련 있는 모든 행위가 〈마약류 관리법〉 위반에 해당합니다.

요즘 가장 큰 문제는 10대들이 마약에 중독되고 마약 범죄에 가담하는 사례가 급증하고 있다는 것입니다.

Q 방금 말씀하신 것처럼 우리나라 청소년 마약 범죄가 급증하는 추세라고 하는데, 어느 정도인가요?

A 대검찰청의 2011년부터 2021년까지 《마약류 범죄백서》에 따르면, 2021년 검찰에 송치된 10대 사범은 역대 최대치인 450명입니다. 10년 전인 2011년에는 41명이었으니, 11배나 증가한 것입니다. 최근 5년간 증가세도 매우 가파릅니다.

하지만 드러난 수치만 생각해선 안 됩니다. 마약 범죄는 대표적인 암수 범죄이기 때문입니다. 암수 범죄란 수사기관이 적발하지 못한 범죄를 말합니다. 마약 범죄가 대표적인 암수 범죄인 이유는 범죄의 특성상 제조, 밀수, 판매, 투약 사범 모두 서로 얽혀 있어서 범행이 은밀하고 자진 신고율도 극히 낮기 때문이지요.

우리나라 마약류 범죄의 평균 암수율(검거 대비 실제 발생 범죄 수를 계산하는 배수)은 28.57배에서 많게는 100배까지 보기도 합니다. 2021년 10대 마약류 사범 450명에 암수 범죄율 최소 수치인 28.57배를 곱하면, 전체 숫자는 1만 2857명에 이릅니다. 청소년 마약류 사범이 급증했다는 것은 매우 위험한 신호입니다. 통제 가능한 지점을 넘어섰다는 의미이니까요.

마약류 사범 평균 연령도 최근 10년 새 급속도로 낮아지고

2011년 마약류별 연령별 현황[단위: 명, ( ): %]

연령별 마약류	19세 이하	20~29	30~39	40~49	50~59	60세 이상	연령 미상	합계
마약	0 (0.0)	14 (1.8)	37 (4.9)	82 (10.8)	169 (22.3)	433 (57.0)	24 (3.2)	759 (100)
향정신성 의약품	34 (0.5)	554 (7.7)	2,185 (30.2)	2,957 (40.9)	1,146 (15.9)	190 (2.6)	160 (2.2)	7,226 (100)
대마	7 (0.6)	182 (15.3)	330 (27.8)	353 (29.7)	208 (17.5)	70 (5.9)	39 (3.3)	1,189 (100)
합계	41 (0.4)	750 (8.2)	2,552 (27.8)	3,392 (37.0)	1,523 (16.6)	693 (7.6)	223 (2.4)	9,174 (100)

2021년 마약류별 연령별 현황[단위: 명, ( ): %]

연령별 마약류	19세 이하	20~29	30~39	40~49	50~59	60세 이상	연령 미상	합계
마약	196 (11.2)	150 (8.6)	88 (5.0)	78 (4.5)	176 (10.1)	990 (56.7)	67 (3.8)	1,745 (100)
향정신성 의약품	192 (1.8)	3,044 (28.6)	2,819 (26.5)	2,287 (21.5)	1,632 (15.4)	455 (4.3)	202 (1.9)	10,631 (100)
대마	62 (1.6)	1,883 (49.9)	1,189 (31.5)	305 (8.1)	184 (4.9)	105 (2.8)	49 (1.3)	3,777 (100)
합계	450 (2.8)	5,077 (31.4)	4,096 (25.4)	2,670 (16.5)	1,992 (12.3)	1,550 (9.6)	318 (2.0)	16,153 (100)

있습니다. 2011년 전체 마약류 사범 중 37퍼센트를 차지했던 40대는 2019년 절반 수준인 21.7퍼센트로 줄었고 그 대신 30대가 25.7퍼센트로 1위에 올라섰습니다. 그런데 2년 후인 2021년에는 20대가 5,077명(31.4퍼센트)이 검거되면서 1위를 차지했습니다. 2011년에 8.2퍼센트에 불과했던 20대가 10년

표 제목: 2017~2021년까지 연령별 마약류 사범 현황[단위: 명, ( ): %]

연령별 연도	19세 이하	20~29	30~39	40~49	50~59	60세 이상	연령 미상	합계
2017	119 (0.8)	2,112 (15.0)	3,676 (26.0)	3,919 (27.8)	2,589 (18.3)	1,491 (10.6)	217 (1.5)	14,123 (100)
2018	243 (1.1)	2,118 (16.8)	2,996 (23.8)	3,305 (26.2)	2,352 (18.6)	1,457 (11.6)	242 (1.9)	12,613 (100)
2019	239 (1.5)	3,521 (21.9)	4,126 (25.7)	3,487 (21.7)	2,554 (15.9)	1,598 (10.0)	519 (3.2)	16,044 (100)
2020	313 (1.7)	4,493 (24.9)	4,516 (25.0)	3,599 (19.9)	2,423 (13.4)	2,232 (12.4)	474 (2.6)	18,050 (100)
2021	450 (2.8)	5,077 (31.4)	4,096 (25.4)	2,670 (16.5)	1,992 (12.3)	1,550 (9.6)	318 (2.0)	16,153 (100)

만에 국내 마약류 사범의 주류가 된 것입니다.

20대 마약류 사범이 가장 많다는 것은 10대 때부터 마약류를 접한 사람이 많다는 방증입니다. 최근 적발된 10대 마약류 사범들 중에는 연예인 지망생이나 부유층 자녀들뿐만 아니라 평범한 학생도 많습니다. 이처럼 10대 마약류 문제는 매우 심각합니다.

청소년들은 주로 어떤 마약 범죄에 연루되고 있나요?

2023년 3월, 중학생이 메트암페타민을 구매해 물에 타서 마신 뒤 아파트 계단에 의식을 잃고 쓰러져 있었습니다. 학생은 호기심으로 해 봤다고 했지만, 〈마약류 관리법〉에 의해 경찰 조사를 받게 되었지요.

이렇게 마약에 손댈 뿐 아니라 청소년들이 공급 영역에까지 뛰어들고 있어 큰 문제가 되고 있습니다. 최근 고등학생들이 텔레그램 마약방을 직접 운영하거나 운반책으로 가담하다가 적발된 사건이 부쩍 늘고 있습니다. 운반책을 '드로퍼'라고도 하는데, 마약 공급책들로부터 돈을 받고 그들이 지시한 장소에 마약을 숨겨 두는 일을 합니다. 마약 공급이라는 심각한 범죄에 가담하는 것이지요. 그런데도 이것이 얼마나 큰 범죄인지 제대로 인식하지 못하는 청소년이 많습니다. 고액 아르바이트 정도로 생각해서 범행에 가담하는 것입니다.

2022년 7월, 고등학교 3학년생이 텔레그램에서 마약을 판매하다가 붙잡힌 일이 있었습니다. 이 사건 때문에 한동안 떠들썩했는데요, 이유는 그 학생이 다양한 마약을 밀수해 국내에 유통했을 뿐 아니라 자신보다 나이 많은 20~30대의 중간 판매책과 환전책, 인출책 등을 모집해 범죄 조직을 운영했기 때문입니다.

또, 2023년 4월에는 고등학교 3학년생 3명이 공부방으로 임차한 오피스텔에서 텔레그램 마약방을 운영하다가 적발된 사건이 있었습니다. 양육자들은 공부에 필요하다고 해서 오피스텔을 임차해 준 것이었습니다. 학생들은 대담하게도 성인들

을 운반책으로 고용해서 마약을 공급했습니다. 놀라운 것은 모두 대학에 진학할 만큼 공부를 잘해서 양육자들은 전혀 이런 낌새를 눈치채지 못했다는 것입니다.

순진한 학생이 실수로 마약을 접했더라도 일단 마약을 접하면 범죄와 연루될 가능성이 많아집니다. 마약에 빠지면 정상적인 일을 하기 어려워지기 때문에 불법적인 범죄 행위에 빠져들 가능성이 높아지고요. 마약 살 돈을 마련하기 위해 마약 공급책 또는 마약 범죄 조직 일원이 되기도 하고 절도나 강도, 사기 등 다른 범죄를 저지르기도 합니다. 그뿐 아니라 마약에 취한 상태에서 타인을 폭행하거나 살인을 저지르는 사건도 벌어집니다.

이만희 국회의원이 경찰청에서 받은 자료로 정리한 〈2018~2021년 마약류 투약 후 2차 범죄 발생 현황〉에 따르면, 마약류 투약 후 저지른 2차 범죄가 869건에 달했습니다. 교통범죄 216, 절도 214, 폭행 87, 강간 81건 등이었고, 살인도 9건이나 됐습니다.

 최근 들어 청소년 마약 사범이 증가하고 있는 이유는 무엇인가요?

 마약 거래의 패러다임이 완전히 바뀌었기 때문입니다.

2018~2021년 마약류 투약 후 2차 범죄 발생 현황(단위: 명)

구분	2018				2019				2020				2021			
	마약	향정신성의약품	대마	합계	마약	향정신성의약품	대마	합계	마약	향정신성의약품	대마	합계	마약	향정신성의약품	대마	합계
살인	1			1	4			4	2	1		3		1		1
살인미수		1	1	2		1		1	1	1		2		1	1	2
강도		7		7	1	4	2	7	2	6		8	1	5	1	7
강간	3	18	2	23	1	16	3	20	4	19	1	24	2	12		14
강제추행 등	2	5	1	8	1	6	1	8	3	6		9	1	10	6	17
방화	1	1		2		6		6	3			3	2		2	4
절도	12	25	5	42	10	39	8	57	8	24	5	37	6	33	6	45
상해	4	10	1	15	4	10	5	19		2	3	5	2	7	4	13
폭행	7	10	8	25	2	10	10	22	6	10	10	26	3	9		14
체포·감금						2		2		1		1		2	1	3
협박		10		10	2	2	1	5	2	3	1	6	1	14		15
폭력	1	2	6	9	2	13	4	19		2		2	2	4	1	7
공갈	3	4		7	1	1		2	1	3		4				0
손괴	3	8	3	14	5	9	2	16	3	3	1	7	3	16	2	21
교통범죄	16	34	6	56	18	23	7	48	8	34	3	45	6	52	9	67
합계	53	135	33	221	47	146	43	236	43	115	24	182	30	166	34	230

예전에는 소위 '뽕쟁이'라고 불렀던 전형적인 마약 사범들끼리 대면해서 직거래를 했습니다. 지금은 인터넷과 SNS 등이 발달하면서 텔레그램이나 다크 웹 등을 통해 비대면 거래를 할 수 있습니다. 이런 환경은 청소년들이 빠삭하지요.

경찰과 검찰 등 수사기관에서는 사이버 마약 공급 루트를 차단하기 위해 부단히 노력하고 있지만, 범죄 서버가 대부분 해외에 있고 마약 사범들이 게릴라전처럼 치고 빠지는 경우가 많아 어려움을 겪고 있습니다.

Q 13. 청소년이 마약 범죄를 저질렀을 때도 똑같이 처벌을 받나요?

A 성인과 마찬가지로 〈마약류 관리법〉에 의해 처벌받습니다. 다만 19세 미만인 경우는 소년법이 적용됩니다. 소년법이 적용되면 성인과 다르게 부정기형을 선고하게 되어 있습니다. 부정기형은 '단기 징역 1년, 장기 징역 2년'처럼 형량을 특정하지 않고, 범위로 정하는 것을 말합니다. 소년이라고 해서 성인보다 더 감형된다는 보장은 없습니다. 즉 선처받으리라는 기대는 잘못된 것입니다.

소년범은 징역형이 선고되면 소년교도소에 수감되고, 24세가 되면 성인교도소로 이감합니다. 초범이고 스스로 재활 치료를 받으면서 약을 끊겠다는 단약 의지를 확실히 보여 준다면 '교육 조건부' 기소유예, '선도 조건부' 기소유예, '치료 조건부' 기소유예라는 선처를 받을 수 있지만, 마약 공급에까지 가담하면 구속이라는 중형을 면하기는 어렵습니다.

2023년 4월 발생한 강남 대치동 학원가 마약 음료 사건을 계기로 대검찰청은 마약 사범을 엄단하겠다고 발표했습니다. 비록 청소년이더라도 또래에게 마약을 판매하는 등 공급책으로 활동하면 구속수사를 하겠다는 무관용 방침도 밝혔습니다.[11] 일부 청소년의 범행으로 주변 청소년에게까지 마약이 확산되는 것을 막기 위해서지요.

어떤 마약을 했느냐에 따라 처벌도 달라지나요?

 〈마약류 관리법〉에서는 마약 종류와 범죄 유형에 따라 법정형을 달리하고 있습니다. 즉, 마약류가 마약인지, 향정신성의약품인지, 대마인지에 따라 그리고 범죄 유형이 단순 투약인지, 매매인지, 제공인지, 밀수인지, 제조인지 등에 따라 법정형의 경중이 다릅니다. 대체로 투약, 소지, 제공, 매매, 밀수, 제조 순으로 법정형이 무거워집니다.

대마는 흡연, 재배, 소지, 소유, 운반, 보관, 사용을 한 경우에는 5년 이하의 징역 또는 5천만 원 이하의 벌금에 처하도록 되어 있습니다. 대마를 제조하거나 매매 또는 매매를 알선한 경우에는 징역 1년 이상, 대마를 밀수한 경우에는 무기 또는 5년 이상의 징역에 처하도록 되어 있습니다.

헤로인이나 펜타닐 같은 마약을 밀수하면 무기 또는 5년 이상의 징역에, 투약한 경우에는 1년 이상의 유기징역에 처하도록 되어 있습니다. 메트암페타민 등 향정신성의약품을 투약하면 10년 이하의 징역 또는 1억 원 이하의 벌금에 처하고 밀수, 매매 또는 매매를 알선한 경우에는 무기 또는 5년 이상의 징역, 소유 및 소지한 자는 1년 이상의 유기징역에 처하도록 되어 있습니다.

1년 이상 유기징역인 경우, 상한선이 30년이고 가중하면

50년까지입니다. 우리나라 〈형법〉 제42조는 "징역 또는 금고는 무기 또는 유기로 하고 유기는 1개월 이상 30년 이하로 한다. 단, 유기징역 또는 유기금고에 대하여 형을 가중하는 때에는 50년까지로 한다"고 규정하고 있습니다. 따라서 1년 이상의 유기징역을 10년 이하의 징역보다 약하다고 생각해서는 안 됩니다. 법정형이 "~이상"으로 되어 있으면 "~이하"로 되어 있는 것보다 훨씬 중합니다.

 Q 마약류를 합법화하는 나라도 늘고 있는데요. 합법화가 범죄를 줄이는 데 도움이 되나요?

A 태국은 2022년 6월부터 의료용, 오락용 대마 사용을 합법화했습니다. 그런데 이것이 대마가 위험하지 않거나 중독성이 없다는 얘기는 아닙니다. 대마를 합법화한 나라들은 대마 사용자가 너무 많아 국가에서 통제 불가능한 지경에 이르렀기 때문에 그런 조치를 취한 것뿐입니다.

대마 사용을 범죄로 처벌하면 많은 국민을 전과자로 만들어야 하고, 자연 수용 시설도 늘려야 하며, 수용 시설을 운영하는 비용도 늘려야 합니다. 감당하기 어렵다는 것이 주된 이유이지요. 차라리 대마를 합법화해서 품질과 유통 과정을 철저히 관리하고, 유통 수익 중 일부를 세금으로 걷어 중독자들의 치료와 재활 비용으로 쓰겠다는 것입니다.

　정부의 통제에서 벗어난 불법 시장에서는 건강에 해로운 대마가 유통될 가능성이 크고, 범죄 단체들이 그 시장을 장악해 막대한 수익을 거머쥐겠지요. 범죄 단체가 질 낮은 대마를 유통해 돈을 버는 악순환에 빠질 것입니다. 우리나라는 아직 통제 불가능한 상황은 아니니, 이런 나라들과는 다르지요.

　물론 합법화가 바람대로 긍정적인 방향으로 흘러가는 것은 아닙니다. 마약 중독 문제가 심각했던 포르투갈은 2001년, 세계 최초로 마약을 비범죄화했습니다. 엄격한 규제와 단속보다는 마약 중독자의 치료와 중독 예방에 집중하려는 취지였지요. 20년이 넘은 지금 포르투갈은 어떤 모습일까요. 중독자가 한동안 줄었다가 다시 급증하고 있고, 중독으로 인한 범죄 역시 늘고 있습니다. 아이들이 노는 공원에도 주사기가 흔하게 버려져 있을 정도로 암울한 상황입니다. 마약 비범죄화가 마약 문제 해법인지 여전히 논란이 계속되는 이유이지요.[12]

　마약 사용을 범죄로 봐선 안 된다고 주장하는 사람들은 "내 몸 내가 알아서 하는데 국가가 왜 관여하느냐?"고 따지지만, 마약의 위험성을 제대로 이해하지 못한 잘못된 생각입니다.

　마약은 비단 개인의 문제가 아닙니다. 자신뿐 아니라 타인에게도 큰 피해를 줄 가능성이 크기 때문이지요. 투약 후 끊임없이 발생하는 2차 범죄만 보더라도 명백한 사실입니다.

Q 마약류를 합법화한 나라에서 마약을 한 경우에도 우리나라 법에 걸리나요?

A 그렇습니다. 우리나라 형법은 '속인주의'를 채택하고 있기 때문이지요. 속인주의란 우리나라 사람은 어느 나라에 있건 우리나라 법을 적용받는다는 뜻입니다. 따라서 미국 일부 주나 태국처럼 대마 사용이 합법인 곳에서 흡연했더라도 처벌받습니다. '해외에서는 괜찮겠지'라는 생각은 접는 게 좋습니다.

태국에서는 음료나 음식에 대마를 사용하는 경우가 많으니, 태국에 가면 각별히 조심해야 합니다. 우리나라 〈마약류관리법〉에 의해 처벌받을 수 있으니까요. 자신은 대마가 들어간 음식인 줄 몰랐다고 주장해도 받아들여지기 어렵습니다. 태국 음식점 메뉴판에는 대마가 들어가 있음을 알리는 안내 문구와 그림이 있기 때문이지요. 태국을 비롯해 대마를 합법화한 국가에서는 대마 젤리, 대마 캔디 등 대마 관련 제품이 시중에서 팔리고 있으니 조심해야 합니다.

속인주의와 함께 속지주의라는 개념도 있습니다. 속지주의는 외국인도 우리나라 영토에 머무는 동안에는 우리 법을 적용받는다는 것입니다. 이에 따라 외국인이라고 하더라도 우리나라에서 범죄를 저지르면 우리나라 법에 의해 처벌을 받습니

태국의 한 음식점 메뉴판. 오른쪽 메뉴에는 대마가 들어가 있음을 표시해 놓았다.

대마 젤리와 캔디

다. 이러한 속인주의와 속지주의는 다른 많은 나라에서 채택하고 있는 기본적인 법 원칙입니다.

한편 '외국인의 국외범'이란 개념이 있습니다. 이는 외국인이 우리나라 영토가 아닌 국외에서 범죄를 저지르는 경우를 말합니다. 외국인의 국외범은 원칙적으로 우리나라 법률로 처벌할 수 없습니다. 이는 속인주의와 속지주의 그 어느 것에도 해당되지 않기 때문이지요. 그런데 아주 예외적으로 우리나라 〈형법〉 제5조와 〈마약류 불법거래 방지에 관한 특례법〉 제12조 등에서는 일정한 범죄에 대해서 처벌할 수 있는 조항을 두고 있습니다.[13] 〈형법〉 제5조에서는 내란죄, 외환죄, 통화에 관한 죄 등 7개 유형의 죄에 대해 규정하고 있고, 〈마약류 불법거래 방지에 관한 특례법〉에서는 '업으로서' 마약 범죄를 저지른 경우에는 비록 외국인이 외국에서 범죄를 저질렀더라도 처벌할 수 있도록 하고 있습니다.

이러한 규정을 예외적으로 둔 취지는 자국 또는 자국민의 중대한 법익을 침해하거나 문명국가에서 인정되는 공통된 법익을 침해하는 범죄에 대해서는 처벌을 할 필요가 있기 때문입니다.

제가 넷플릭스 드라마 〈수리남〉의 모티브가 된, 조모씨를 처벌할 수 있었던 것도 이런 조항이 있어 가능했습니다. 조모씨는 우리나라에서 사기죄로 지명수배되자 수리남으로 도주한 후 그 나라 국적을 취득하고 우리나라 국적은 포기했습니다.

조모씨는 수리남에서 마약 밀매 조직을 구축한 후 우리나라 사람들을 포섭해 국제적인 마약 운반책으로 이용했습니다. 수법도 치밀했습니다. 조모씨 일당은 포섭한 우리나라 사람에게 "보석 원석을 다른 나라로 옮겨야 하는데 1인당 반입량이 제한되어 있으니 이것을 여행용 가방에 넣어 옮겨 주면 해외여행도 무료로 시켜 주고 수백만 원의 수고비까지 주겠다"며 유혹한 것이지요. 속은 사람들은 코카인이 든 가방을 다른 나라로 옮기다가 적발되어 외국의 교도소에서 수년 동안 갇혀 있어야 했습니다. 이 사건을 영화로 만든 것이 전도연 배우가 주인공으로 열연한 〈집으로 가는 길〉이지요.

조모씨는 〈마약류 불법거래 방지에 관한 특례법〉 위반으로 국내로 송환돼 구속되었고, 10년 유기징역을 선고받았습니다. 수감 중에 사망했고요.

이 사건을 보면 알 수 있듯이, 본인이 의도치 않게 해외 마약 사건에 연루되는 일이 생길 수도 있습니다. 특히 외국을 오가는 동안, 가방을 대신 옮겨 달라는 부탁을 받았다면 절대 승낙해서는 안 됩니다. 그 가방 안에 불법 물질이 들어 있을 수 있기 때문이지요.

요즘은 해외여행 때 이보다 더 위험한 상황도 벌어집니다. 누군가 몰래 내 가방에 마약을 넣어 두는 일도 생길 수 있거든

〈집으로 가는 길〉 스틸 컷

요. 마약 범죄자들이 다른 사람의 짐가방이나 핸드백 등에 마약을 몰래 넣어 밀반입을 시도하는 것입니다.

이런 경우 자신도 모르는 사이에 마약 범죄에 휘말리게 됩니다. '나는 몰랐다'는 주장은 쉽게 받아들여지지 않습니다. 수사기관에서는 자신의 소유물 안에서 마약이 발견되면 그 사람이 마약을 밀반입하려던 것으로 보기 때문이지요. 이런

제가 마약 운반을 했다니요!

공항에서 어떤 외국인이 짐가방을 대신 옮겨 달라고, 수고비도 준다고 해서

사업에 꼭 필요한 물건인데…

I 세관이

1인당 반입 가능 수량이…

이상한 사람 같진 않아서 알겠다고 했죠.

네 도와드릴게요.

Thank you!

그 안에 마약이 들어 있을 줄은 전혀 몰랐다구요!

상황에서는 자신의 무고함을 입증해 내기가 정말 어렵습니다. 그러므로 해외여행 중에는 다른 사람들이 몰래 마약 등을 넣지 못하도록 수하물을 밀봉하는 등 철저히 관리해야 합니다.

일부 동남아시아 국가에서는 마약을 이용한 '셋업 범죄'도 발생하고 있습니다. 여행용 가방 등에 마약을 몰래 넣어 두고는 마약 범죄자로 누명을 씌운 다음 돈을 주면 처벌하지 않겠다고 하는 방식입니다. 경찰 등 공권력과 결탁한 범죄라는 점에서 큰 충격을 주고 있습니다.[14]

셋업 범죄

무고한 사람을 대상으로 허위 사실을 조작해서 그가 범죄자인 것처럼 꾸미는 행위를 말한다.

여기선 제가 검사 시절 직접 경험한 마약 검사에 대해 말씀드리겠습니다.

검사는 어떻게 진행될까?

❶ 소변 검사

마약 피의자들이 경찰이나 검찰 등 수사기관에 체포되거나 조사를 받기 위해 출석하면 마약 투약 여부부터 확인합니다. 가장 먼저 하는 것이 소변 검사이지요. 수사기관에서는 먼저 피의자에게 마약 검사를 하겠다고 통지합니다. 그리고 물을 많이 마시게 한 후 소변을 받아오게 하지요. 소변을 받을 때는 수사관이 동행합니다. 변기 물을 떠서 제출하거나 재판 단계에 가서 자기 소변이 아니라고 거짓 진술을 할 수도 있기 때문입니다.

여성 마약 사범은 당연히 여성 수사관이 동행합니다. 제가 서울 중앙지검 강력부장이었을 때 담당 경찰관이 마약 사범의 소변을 자신의 소변과 바꿔치기해서 음성 반응이 나오게 한 일이 있었습니다. 무혐의로 빠져나가게 해 주려던 거지요. 결국 들통나서 피의자와 경찰관 모두 구속했습니다.

소변을 제출하면 담당 수사관은 피의자가 보는 곳에서 간이 시약 검사를 진행합니다. 검사 결과는 5~10분 이내로 확인할 수 있는데 키트의 줄이 한 줄이면 양성, 두 줄이면 음성입니다.

❷ 모발 검사

다음에는 모발 검사를 합니다. 이를 위해 모발을 채취하는데 보통 100수 정도를 뽑습니다. 처음에는 피의자가 직접 뽑게 합니다. 혹시라도 모발을 잘 뽑지 않거나 모근까지 뽑지 않고 중간에서 끊는 꼼수를 쓰면 수사관이 직접 뽑습니다.

모발은 한 달에 평균 1센티미터 정도 자랍니다. 투약 시기는 마약 성분이 모근으로부터 얼마나 떨어진 위치에서 검출되는가로 대략 추정합니다. 투약 시기를 정확히 추정하기 위해 보통 한 달 단위인 1센티미터로 잘라 검사합니다. 이렇게 분절 검사를 하려면 300수 이상의 모발이 필요합니다.

소변과 모발 채취가 다 되었으면 '채취한 검체가 본인의 소변과 모발이 맞음'을 확인한 후 봉인해서 국과수로 정밀 감정을 보냅니다.

모발 검사 과정

❶ 머리카락을 뽑는다. 피의자가 직접 뽑거나 거부할 경우엔 수사관이 뽑는다.

❷ 머리카락의 무게와 길이를 잰 뒤 화장품, 염색약 등 이물질을 제거하기 위해 물과 알코올로 세척한다.

❸ 머리카락을 1센티미터(길이는 의뢰자에 따라 다르다. 3센티미터로 자르는 경우도 있다) 간격으로 자른다. 한 달에 평균 1센티미터 자라기 때문이다. 모근으로부터 3센티미터인 토막에서 마약이 검출되었다면 3개월 이내에 투약한 것이다.

❹ 토막 낸 머리카락들을 분말에 가까울 정도로 잘게 다진다. 머리카락에 든 마약 성분이 용매에 잘 우러나오게 하기 위해서다.

❺ 잘게 자른 머리카락들을 용매에 넣는다. 용매는 검사하려는 마약 종류에 따라 다르다.

❻ 24시간 동안 마약 성분을 추출한다.

검사를 거부하면 어떻게 될까?

피의자들이 많이 하는 질문입니다. 소변 검사와 모발 검사를 하면 투약한 사실이 드러날 것이 두려워 이를 피해 갈 수 있는지 묻는 것입니다. 원칙적으로는 압수수색영장이 없으면 본인의 동의 없이 소변 검사와 모발 검사를 강제로 할 수는 없습니다.

그러나 대부분은 수사기관에서 압수수색영장을 미리 발부받아 놓기 때문에 이를 거부할 기회를 얻기는 쉽지 않습니다. 설사 압수수색영장을 발부받지 않은 상황이더라도 피의자가 합리적인 이유 없이 검사를 거부하면 최대한 빠른 시간 안에 압수수색영장을 발부받아 집행하기 때문에 검사를 피하기는 사실상 어렵습니다.

모발은 모발 길이에 따라 투약 후 6개월에서 1년까지, 소변으로는 투약 후 일주일 정도까지 감정이 가능합니다. 따라서 압수수색영장이 없는 경우, 당장은 거부하는 방법으로 검사를 피할 수 있을지 모르지만 결국은 압수수색이라는 강제수사로 검사를 받을 수밖에 없게 됩니다. 그리고 양성 반응이 나오면 수사 협조와 반성을 하지 않는다고 보아 더 엄한 처벌을 받게 됩니다. 압수수색영장이 발부되었는데도 자발적으로 소변과 모발 채취에 협조하지 않으면 모발은 수사관이 강제로 뽑고, 소변은 의사의 도움을 받아 요도에 관을 삽입해 체내 소변을 강제로 채취합니다. 그 과정이 고통스러울 수밖에 없음은 두말할 필요가 없습니다.

탈색, 염색, 제모 등을 하면 빠져나갈 수 있지 않을까?

흔히 탈색이나 염색, 제모를 하면 검사를 피할 수 있다고 잘못 생각하는 경우가 많습니다. 탈색이나 염색을 하면 모발에 남아 있는 마약류 성분이 약해지는 것은 사실입니다. 그렇다고 해서 양성을 음성으로 바꾸지는 못합니다.

또한 검사를 할 수 있는 체모는 머리에만 있는 것이 아닙니다. 체모는 몸에 있는 모든 털을 말합니다. 설령 탈색이나 염색, 제모를 했더라도 코털, 눈썹, 겨드랑이털, 음모, 다리털, 귓속털, 항문털 등 다른 체모로 얼마든지 검사가 가능합니다.

그러므로 모발을 탈색이나 염색을 했거나, 제모를 했더라도 마약을 했다면 검사를 피할 방법은 없습니다. 또한 털을 채취할 수 없다면 손톱이나 발톱, 침, 땀, 각질에서도 마약 성분을 찾아낼 수 있습니다. 검사를 교묘하게 피해 가려는 행위는 증거 인멸에 해당돼 죄질을 불량하게 하고 반성하지 않는다고 여기게 하므로, 자백하고 반성하는 경우보다 더 무거운 처벌을 받습니다.

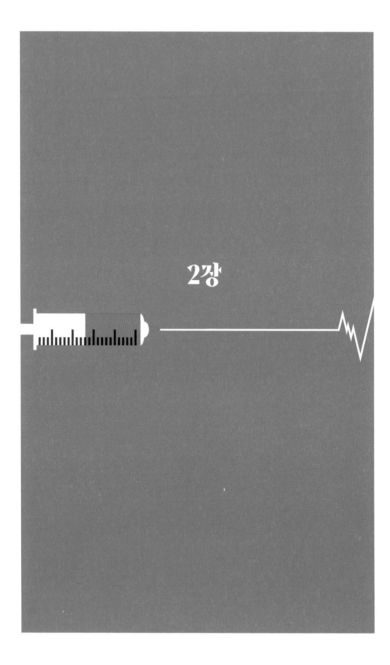

2장

청소년과 마약

Q 14. 우리나라 청소년들은 주로 어떤 마약에 중독되나요?

A 대마, 메트암페타민, 펜타닐, 엑스터시 등입니다. 과거에는 대마와 메트암페타민 등 흔히 마약 하면 떠올리는 것들을 투약하는 사례가 많았다면, 최근에는 펜타닐 등 의료용 마약류를 많이 투약하고 있습니다.

앞에서 다이어트 약과 공부 잘되게 하는 약에 청소년들이 잘 중독된다고 얘기했는데요, 요즘 더 심각한 약물은 펜타닐입니다.

펜타닐은 코로나19 백신으로 유명한 벨기에의 제약 회사 얀센에서 1959년에 처음 개발한 마약성 진통제입니다. "중독성이 없다"는 제약사의 거짓 로비로 2000년대부터 사용 범위가 크게 넓어졌습니다. 펜타닐은 인류가 찾아낸 가장 강력한 진통제라고 하지요. 말기 암 환자나 복합부위통증증후군CRPS

1959년에 펜타닐을 처음 만든 벨기에 의사 폴 얀센

같은 극심한 통증에 시달리는 환자를 위해 극히 제한적으로 사용되고 있습니다.

이런 펜타닐이 최근 우리뿐만 아니라 다른 나라 청소년들 사이에서도 널리 퍼지면서 큰 사회 문제로 떠오르고 있습니다.

마약성 진통제도 다른 마약류처럼 위험할 수 있나요?

그렇습니다. 방금 말한 펜타닐이 대표적입니다. 펜타닐은 마약성 진통제이지만, 아주 적은 양으로도 목숨을 잃게 할 수 있는 위험한 약물입니다. 2밀리그램mg만 써도 죽음에 이를 수 있습니다. 이 양은 달걀을 소금에 살짝 찍어 먹을 때 그 소금의 양 정도밖에 되지 않습니다.

미국에서는 특히 펜타닐 문제가 심각합니다. 오죽하면 길거리에 떨어진, 접힌 지폐는 줍지 말라는 말까지 있겠습니까. 그 지폐 안에 펜타닐 가루가 들어 있을지 모르기 때문이죠. 지폐를 펴는 순간 펜타닐 가루가 바람에 날려 주운 사람의 호흡기로 들어가 사망하는 사건이 다수 발생했기 때문입니다. 심지어는 펜타닐 사범을 단속하던 경찰관이 단속 과정에서 날린 펜타닐 가루를 흡입하고 쓰러진 일도 있었습니다. 이런 위험성 때문에 펜타닐은 주사나 분말 형태보다는 마이크로그램 단위로 조절되는 패치 형태로 주로 쓰입니다.

패치 형태인 이유는 펜타닐이 한꺼번에 인체에 유입되지 않고 피부를 통해 서서히 전신 혈류를 타게 만들기 위해서지요. 왜냐면 펜타닐은 장갑을 끼고 제조해야 할 만큼 피부와 점막에서 높은 흡수력을 보이는 약물이고, 뇌를 보호하는 역할을 하는 뇌혈관에도 매우 쉽게 침투하기 때문입니다.[15]

미국 1센트 동전과 펜타닐 치사량을 비교한 사진. 펜타닐은 2밀리그램만 써도 죽음에 이를 수 있는 아주 위험한 약물이다.

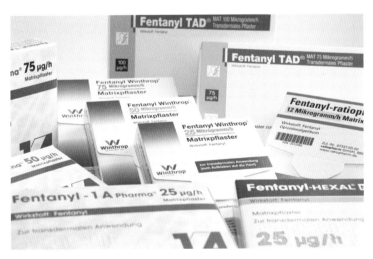

펜타닐 패치

Q 인터넷에 떠도는 미국의 '좀비 거리'도 사실 펜타닐 때문이라던데, 어떻게 현실에서 그런 일이 벌어진 거지요?

A '좀비 거리'의 실제 장소는 미국 펜실베이니아주 필라델피아 지역의 켄싱턴Kensington입니다. 마약이 얼마나 위험한 것인지 경고할 때 자주 이 거리를 보여 주는데, 사람들의 기이한 모습에 다들 큰 충격을 받습니다. 마약 중독자들 모습이 흡사 공포영화에 자주 나오는 좀비 같아서 이 거리를 '좀비 거리'라고 부르게 된 것이지요.

이 사람들은 대부분 펜타닐 중독자입니다. 펜타닐 부작용 중 하나가 호흡 저하예요. 몸에 산소가 부족해지죠. 몸에 산소가 부족하고 이산화탄소가 증가하면 인체는 극도의 통증을 느끼는데, 펜타닐은 호흡 곤란을 일으키는 동시에 호흡 곤란으로 인한 고통도 없애 줍니다. 결국 만성적인 산소 부족으로 인해 산소에 가장 예민한 부분인 뇌가 서서히 괴사하는 거지요. 자연 정상적인 걸음이 어려워집니다.

또 좀비처럼 걷는 원인이 '추체외로 증후군' 때문일 수 있습니다. 우리 몸에서 골격근의 긴장과 운동을 담당하는 신경로인 추체외로에 문제가 생기는 병인데, 추체외로에 문제가 생기면 경직 등의 각종 운동 장애가 생길 수 있습니다.[16]

켄싱턴 거리의 펜타닐 중독자

　현재 미국에서 펜타닐 중독 문제는 해결해야 할 국가 과제 중 하나입니다. 펜타닐 때문에 7분에 1명꼴로 죽는다는 말이 나올 정도로 심각하니까요. 2022년 12월 31일, 미국의 인기 드라마 〈워킹 데드〉에 출연한 18세 배우 타일러 샌더스도 펜타닐 중독으로 사망했습니다. 미국에서는 펜타닐 사망자가 교통사고나 총기사고 사망자보다 더 많습니다. 이러한 현상은 갈수록 더 심해질 것으로 보입니다.

　2022년 12월 20일, 미국 마약단속국DEA에서 펜타닐 알약 5,060만 정과 펜타닐 가루 1만 파운드 등 총 3억 7,900만 회

19세기 중국이 아편으로 무너졌다면, 21세기 미국은 펜타닐로 무너질 수 있다는 말이 생길 정도로 미국의 펜타닐 중독 문제는 심각하다. 그림은 19세기 중국의 아편 중독자들

분의 펜타닐을 압수했습니다. 미국인 전부(2023년 12월 현재 약 3억 4천만 명)를 죽일 수 있는 매우 충격적인 양이었습니다.

펜타닐 문제는 미국과 중국의 외교 분쟁으로까지 번지고 있습니다. 미국에서 펜타닐 문제가 심각해진 이유가 멕시코에서 대량으로 펜타닐이 밀반입되어서인데, 멕시코 마약 카르텔들에 원료를 공급하는 곳이 중국이기 때문이지요. 이 때문에 미국은 중국에 계속 원료를 수출하지 말아 달라고 요청하고 있습니다. 하지만 두 나라 간 협조는 원활하지 않은 상황입니다. 펜타닐로 인한 양국 간의 외교 분쟁을 '신아편전쟁'이라고 부를 정도이지요.

더 읽기   우리나라 마약의 역사[17]

조선 시대에도 양귀비와 대마를 재배했습니다. 대마는 약초로, 양귀비에서 추출한 아편은 가정상비약으로 쓰이곤 했습니다. 이런 상황에서 일제가 조선을 점령했고, 제1차 세계대전도 터지죠. 당시만 해도 모르핀은 강력한 진통제로 전쟁 필수품이었습니다. 그 바람에 모르핀 원료인 아편 가격이 급상승했죠. 일제는 조선을 쌀 생산지뿐 아니라 아편 생산지로 삼습니다. 1919년 6월 조선총독부는 '조선아편취제령'을 제정해 아편 제조를 국가 차원에서 관리하기 시작합니다.

아편을 대량으로 생산하다 보니 자연 민간에도 아편과 모르핀이 퍼졌습니다. 아편을 피우는 '아편굴'과 모르핀 주사를 맞는 '주사옥'이 폭발적으로 증가하죠. 오랫동안 가정상비약으로 양귀비를 재배해 왔으니 더 쉽게 아편이나 모르핀에 손을 댔을 것입니다.

해방 직후 일제가 남기고 간 아편, 모르핀이 상당했습니다. 그 때문에 중독자도 많았죠. 1949년 서울의 마약 중독자는 5~10만 명으로 서울 인구의 3.5~7.1퍼센트였고, 전국적으로는 적게는 12

《조선일보》(1930년 1월 8일 자) 광고란에 3단 크기로 실린 마약 중독 해독제 광고. '헤로인 해독제의 세계적 발견!'이란 광고 문구가 보인다.

만 명에서 많게는 18만 명이었다고 합니다.

그러다 1965년 6월, 해방 이후 의약계 최대 사건인 '메타돈 파동'이 일어납니다. 제약사들이 합성마약 메타돈을 섞은 진통제를 일반 약국에서 판매하는 바람에 메타돈 중독자가 대거 발생한, 충격적인 사건이었지요. 당시에는 국가 차원에서 약 성분 검사를 거의 하지 않았는데, 이런 허점을 노린 범죄였습니다.

박정희 정부는 양귀비 단속에 나섰고, 밀수·탈세·도벌·폭력과 마약을 '5대 사회악'으로 규정합니다.

1970년대에는 대마초 전성시대였습니다. 주한 미군이 국내의

대마를 접하면서 퍼져 나간 것이지요. 이 시기에 새로운 마약도 국내에서 대규모로 생산되고 있었는데, 바로 메트암페타민, 즉 히로뽕(필로폰)이었죠. 당시 마약은 중요한 수출품 중 하나였습니다. 히로뽕은 주로 일본에 팔렸습니다.

하지만 일본과 한국 양국이 대대적인 마약 단속에 나서면서, 마약을 제조·판매하던 이들은 새로운 시장을 찾아냈고, 그곳이 바로 호황을 누리던 한국이었지요. 1980년대는 히로뽕 전성시대였습니다. 현재 우리나라에 히로뽕 중독자가 많은 배경입니다.

1990년대에는 히로뽕 외에 엑스터시와 LSD, GHB, 코카인, 야

1970년대 '마약왕' 이황순 삶을 모티브로 삼은 영화 〈마약왕〉 스틸 컷

바 등 다양한 종류의 마약이 국내로 들어왔습니다. 이후에도 신종 마약이 계속 들어오고 있습니다.

그럼, 한국에 들어오는 마약은 대부분 어디서 오는 걸까요? 라오스입니다. 몇 해 전만 해도 태국이었는데, 태국인 마약류 사범이 수사기관의 추적을 피하려고 라오스로 우회해 밀수입하고 있는 것입니다.

우리나라는 아직까지 마약을 엄격히 단속해서 전 세계에서 마약 가격이 높은 나라에 속합니다. 이런 곳에 마약을 판다면 당연히 이익이 많이 남겠죠. 동남아시아 등의 마약 조직이 한국 시장을 노리는 이유입니다.

우리나라 청소년들의 펜타닐 중독은 어느 정도인가요?

우리나라에서도 펜타닐 오남용 문제는 점점 심각해지고 있습니다. 일부 몰지각한 의사들이 청소년들에게 무분별하게 처방을 해 주기 때문입니다. 청소년들이 펜타닐을 구하려고 가짜 통증을 호소한다는 사실을 알면서도 눈감아 주는 것이지요. 청소년들은 이런 병원 리스트를 펜타닐 중독에 빠진 친구들이나 펜타닐을 불법 유통하는 사람들과 공유합니다.

최근 경남 지역에서는 펜타닐을 쉽게 처방해 주는 병원들을 돌면서 받은 처방전으로 다량의 펜타닐을 구입해 불법 유통하거나 투약한 청소년 42명이 적발돼 충격을 안겼습니다.

심지어 불법 유통업자들은 청소년들을 펜타닐을 구하는 도구로 이용합니다. 이들은 꾀병 연기를 할 청소년들을 승합차 등에 태우고 펜타닐을 쉽게 처방해 주는 전국의 병원들을 찾아다닙니다. 청소년들이 가짜 통증으로 펜타닐을 처방받게 한 후 여러 약국에서 펜타닐을 구입해 수십 배의 웃돈을 받고 유통하지요. 청소년들에겐 펜타닐을 나누어 주거나 용돈을 주겠다는 식으로 유혹하고요.

10대가 펜타닐에 중독되는 큰 원인이 일부 몰지각한 의사들의 무분별한 처방에 있기 때문에, 최근 검찰에서는 이런 행위를 한 의사를 처음으로 마약류관리법위반죄로 구속기소했습니다. 이 의사는 "허리디스크가 있다. 다른 병원에서 펜타닐 패치를 처방받아 왔다"는 말을 듣고 별다른 진료 없이 총 304회에 걸쳐 펜타닐 패치를 4,826매나 처방해 주었습니다. 펜타닐 치사량인 2밀리그램을 기준으로 계산하면 4만 명이 사망할 수 있는 양입니다.[18]

　　이런 사태를 막으려면 의사들이 마약류 처방 내역을 의무적으로 확인해 중복 처방을 하지 않도록 해야 하는데, 아직까지 우리나라에서는 이런 시스템이 미흡합니다. 앞에서 잠깐 설명한 DUR_{의약품 안전사용서비스} 시스템이 있긴 하지만, 환자가 처방받은 '모든 약'을 확인하려면, 먼저 환자의 동의를 얻어야 하고, 그 이후에도 여러 차례 로그인을 해야 하는 등 시스템이 불편해 의사들이 잘 활용하지 않는다고 합니다. 중복 처방된 약이 있으면 '주의 창'이 뜨긴 하지만, 꼭 눌러 확인해야 하는 의무 사항이 아니어서, 의사들 중엔 주의 창이 뜨지 않게 설정해 놓기도 한다고 합니다. 중복 처방을 의무적으로 확인할 수 있게 하는 시스템이 하루 빨리 자리 잡기를 바랍니다. 지난 11월 22일 정부가 내놓은 '마약류 관리 종합 대책'이 잘 실행된다면 이 문제도 해결되지 않을까 싶습니다.

Q **15.** 주로 어떤 이유로 마약에 손을 대나요?

A 자기 문제를 털어놓거나 해결할 방법을 함께 찾아 줄 사람이 없을 경우 약물에 의존하지 않을까요. 일본의 정신과 전문의 마쓰모토 도시히코는 자신의 책《살아남기 위해 필요한 고통》에서 "안심하고 타인에게 의존할 수 없는 사람, 혹은 마음속에 덩그러니 뚫린 구멍을 '타인과 연결'되어 메우지 못하고 약이라는 '물건'으로 메우려는 사람들"이 약물 중독자로 찾아온다고 썼습니다.

외부 환경으로부터 어떠한 상황이 벌어졌을 때 스스로 적절한 대처 행동을 할 수 있다는 믿음을 심리학 용어로 '자기 효능감[19]'이라고 합니다. 자기 효능감이 높은 사람은 어려운 상황이 닥치면 그것을 피하기보다 극복해야 한다고 여깁니다. 반면 자기 효능감이 낮은 사람은 극복보다는 '어차피 안 될 일'이라

스트레스는 약물에 빠지는 원인 중 하나다. 자녀와 스트레스 다스리는 법을 함께 찾아보면 좋을 것이다.

며 포기하는 쪽을 선택합니다.

자기 효능감과 중독의 관계를 분석한 국내의 한 논문[20]에 따르면 "자기 효능감이 낮은 청소년이 현실에서 부족한 자신감을 보상받고자 (인터넷 게임) 중독에 빠진다"고 합니다. 이러한 연구가 절대적인 결과라고 단정할 수는 없지만, 현실에서 자기 능력이 부족하다고 여기고, 자신을 향한 부정적인 인식이 강하면 중독에 빠질 가능성도 클 수밖에 없으리라 생각합니다.

《어리고 멀쩡한 중독자들》의 저자이자 유튜버인 키슬은 15년간 알코올 중독을 겪었습니다. 그는 어른들의 기대에 부응하느라 자기다운 인생을 잃어버린 것을 중독 원인으로 꼽았습니다. 학창 시절, 부모나 선생님의 기대에 나를 맞출 수 없을 때 반발감, 좌절감 등에 스트레스를 받은 경험이 누구나 있을 것입니다.

불안과 스트레스를 적절하게 해소할 수 없는 것도 마약에 빠지는 원인이 될 수 있습니다.《중독에 빠진 뇌》에서는 "스트레스가 약물을 시작하게 만들거나 약물 사용으로 다시 돌아가게 하는 원인이 될 수 있다"고 분석합니다. 따라서 스트레스가 일회성이든 만성적이든 잘 다스릴 수 있는 방법을 알려 주는 것이 필요한데 놀이나 운동, 명상 등이 방법이 될 수 있다고 합니다.

또래의 영향도 클 것 같은데요.

그렇죠. 청소년기에는 또래 집단의 영향을 많이 받고 이것이 마약을 시작하는 큰 원인이 되기도 합니다. 마약을 권하는 친구의 말을 듣고 함께했을 때, 친구들이 보이는 긍정적인 반응은 자신이 옳은 행동을 했는지에 상관없이 중독에 이르는 발단이 됩니다. 미국 템플 대학교 로렌스 스타인버그Lawrence Steinberg[21] 교수 연구팀이 2014년 발표한 논문만 봐도 그렇습니다. 쥐를 가지고 실험을 했는데, 청소년 쥐들이 어른에 비해 또래와 같이 있을 때 위험한 행동을 자주 감행했다고 합니다.

이처럼 청소년기에는 또래의 영향을 많이 받다 보니, 어울리는 친구들이 마약을 할 경우 마약을 하지 않는 친구는 따돌림이나 무시를 당하겠죠. 이런 부정적인 반응을 보면, 안 하려던 친구도 마약에 손댈 가능성이 큽니다.

최근 중학생이 텔레그램 마약방을 통해서 메트암페타민을 구입해 투약했다가 어머니의 신고로 적발된 사건이 있습니다. 알고 보니 이 학생 혼자서 한 것이 아니었습니다. 이 학생은 반 친구 두 명에게도 권해 함께 투약한 사실이 밝혀졌지요.

이처럼 마약 범죄는 혼자만 저지르는 것이 아니라 주변으로 급속도로 확산되는 성질을 가지고 있다는 점에서 위험합니

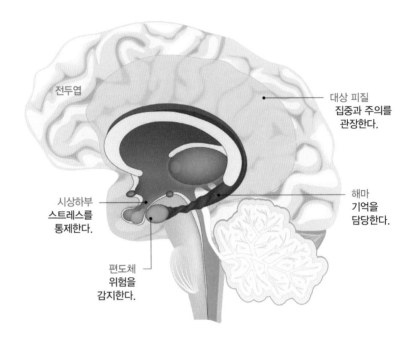

전두엽

대상 피질
집중과 주의를
관장한다.

시상하부
스트레스를
통제한다.

해마
기억을
담당한다.

편도체
위험을
감지한다.

변연계 구조. 변연계는 감정을 담당하는 뇌 기관으로 흥분, 불안, 욕망, 기억 등을 관장한다.

다. 뇌가 덜 발달해 아직 이성적인 판단 능력이 부족한 청소년기에는 유혹이나 호기심에 약하기 때문에 더욱더 주의해야 합니다.

뇌는 20대 초·중반까지 계속 발달합니다. 청소년기에는 부위마다 다른 속도로 발달하는데 그 부위 중에서 중독과 관련 깊은 곳이 전두엽과 변연계입니다. 전두엽은 뇌에서 논리적 사고를 담당하고, 변연계는 감정을 조절합니다. 감정을 담당하는 변연계는 발달이 빠른 반면, 전두엽은 발달 속도가 느립니다. 그래서 성인이 되기 전까지는 의사와 행동 결정에 전두엽보다 변연계의 지배를 더 많이 받습니다. 청소년기에 이성보다 눈앞의 쾌락과 감정에 빠르게 반응하는 이유이지요. 어른들이 흔히 말하는 '중2병'도 이런 뇌의 발달 과정과 관련 있을 수 있습니다. 몸은 성인처럼 자랐지만, 뇌는 아직 발달 중이라고 이해해야 합니다.

청소년기에는 뇌의 '제동 장치'인 전두엽이 덜 발달했기 때문에 위험한 상황이 닥쳤을 때 올바른 판단이나 빠른 결정을 내리지 못합니다. 그래서 누군가가 "이거 하면 기분 좋은데 해볼래?" 하면서 약물을 권하면 할 수도 있는 것입니다. 그것이 어떤 최악의 결과를 가져올지 제대로 판단할 수 없어서지요.

마약에 대해 잘 알지 못하기 때문에 '한 번 하는 건데, 뭐 중독이 되겠어?' 하면서 쉽게 투약을 선택할 수 있습니다. 거듭 말하지만 마약은 쉽게 중독되고, 결코 쉽게 끊을 수 없습니다. 또한 같은 용량으로는 같은 만족을 얻을 수 없기 때문에 계속 양을 늘려 가야 하고, 그러다 보면 결국 치사량에 이르게 됩니다. 마약을 하면 잇몸과 치아가 망가지고, 급속히 노화되며, 근육이 마비되는 등 온갖 신체적 부작용이 일어납니다. 환각 상태에서 상해를 입히거나 살인을 저지를 뿐 아니라 마약 살 돈을 마련하기 위해 절도, 강도, 마약 배송 등도 서슴지 않고 행할 수 있습니다. 마약의 폐해를 이처럼 계속 강조하는 이유는, 마약을 시작하지 않는 것이 이런 무서운 결과를 막을 수 있는 최선책이기 때문입니다.

Q **16.** 보상회로가 망가지면 청소년들에게 더 치명적인 이유는 무엇인가요?

A 2022년 12월 MBC 〈일타강사〉라는 프로그램에서 마약의 실태에 대해 강의를 한 적이 있습니다. 당시 출연진 가운데 양재웅 정신건강의학과 의사가 행복을 느끼는 보상회로가 고장 나는 것이 왜 청소년에게 더 치명적인지 설명한 바 있습니다.

어른은 그동안 경험한 행복한 기억을 해마에 저장해 놓았기 때문에 보상회로가 망가져도 일부분은 회복이 가능한데, 청소년은 그렇지 못하다는 것입니다. 뇌가 발달 중이라서 마약을 했을 때 고양감만 기억하고 '마약을 한 내가 진짜 나'라고 믿게 된다는 것입니다. 그래서 마약을 못하면 행복감을 느끼지 못하게 되고 그렇게 길들여진 뇌는 우울과 무기력을 평생 달고 살게 됩니다. 끝없는 허무와 고통이 남게 된다는 것이 양

의사의 설명이었습니다.

청소년기는 이성적인 사고가 덜 발달하고, 보상회로의 영향을 어느 시기보다 더 크게 받기 때문에 중독에 취약할 수밖에 없습니다. 중독 시기가 빠를수록 중독에서 벗어나는 것이 더 어려워집니다.

일단 마약을 접하면 칭찬, 맛있는 음식 등 자연적인 자극보다 훨씬 더 강력한 보상을 경험합니다. 그러면 더는 자연적인 자극으로 얻은 보상으로 즐거움을 느끼지 못해 더 강한 자극을 찾게 되는 것입니다.

마약으로 인한 보상이나 자극을 얻지 못하면 어떻게 되나요?

마약으로 인한 보상은 마약 외에서는 얻지 못합니다. 일단 마약을 하면 내성이 생겨 점점 더 많은 양을 필요로 하거나 자극이 더 강력한 마약을 찾게 됩니다. 결국은 즐거운 상태가 되기 위해 마약을 하는 것이 아니라 하지 않으면 너무나 우울하고 힘들어서 하게 되는 것입니다.

마약은 뇌의 기능을 전반적으로 망가뜨리기 때문에 우울감 등의 감정 문제를 일으키는 것은 물론이고, 기본적인 사고력까지 떨어뜨려 성격과 행동 등에도 변화와 문제를 일으킵니다. 앞에서도 말했듯이 마약을 하는 주된 이유는 고통스러운 상태를 피하기 위한 것입니다. 즉 쾌락을 느끼기 위해서라기보다는 마약을 하지 않으면 너무나 고통스러워서 마약을 계속 찾는 것이지요.

마약류 중 펜타닐은 특히 금단 증상이 심합니다. 통증이 엄청납니다. 통증에 대응하던 여러 신경전달물질이 제대로 분비되지 못하니, 온몸의 뼈가 부러지고 끓는 기름이 들이부어지는 듯한 고통을 느낀다고 합니다. 이런 고통을 피하려고 다시 약에 손을 대는, 악순환에 빠지는 것입니다.

Q **17.** 청소년은 대개 어떤 경로로 마약을 알게 되나요?

A 주로 또래 집단을 통해서지요. 앞에서 언급했던 경남 지역 10대들이 펜타닐을 복용한 사건만 봐도 알 수 있습니다. 이들은 어떻게 적발되었을까요? 처음 펜타닐을 유포한 학생은 서울에 있는 래퍼 형에게서 펜타닐을 알게 되었다고 합니다. 이 학생이 삽시간에 주변 친구들에게 퍼뜨린 거고요.

펜타닐은 2019년 서울 지역 힙합 래퍼들 사이에서 빠르게 유행하다 일반인에게로 번졌습니다. 펜타닐에 중독돼 현재 치료 중인 한 래퍼가 "유명한 래퍼 가운데 펜타닐을 안 하는 사람을 찾기가 어렵다"[22]고 할 정도로 당시 래퍼들 사이에서 펜타닐은 하나의 문화처럼 떠올랐습니다.

펜타닐은 현재진행형으로 빠르게 퍼지고 있는 것이 문제입니다. 모 방송사의 오디션 프로그램에 출연해 주목받던 한 래퍼는 펜타닐 등의 투약으로 재판 중인데요, 그는 한 시사 프로그램에 출연해 펜타닐을 "최악의 마약"이라며 "반송장이 된다. 철저하게 만들어 놓은 지옥 같은 느낌이었다. 후유증 때문에 어금니 4개가 나갔다"[23]고 위험성을 경고한 바 있습니다.

"이것을 하면 기분이 좋다", "연예인도 많이 하는 약이다" 등 약물에 대해 떠도는 소문은 청소년의 호기심을 자극하기에 충분합니다. 그러다 친구들 사이에 약물이 파고들면, '나만 안 하면 이상하다'는 생각이 듭니다. 일종의 또래 압박이 작동한 것입니다. 함께하지 않으면 친구들 사이에서 따돌림당할 것을 염려해 마약을 하게 됩니다. 경남 고등학생 펜타닐 사건에도 이런 배경이 있었을 것으로 짐작됩니다.

일본에서도 비슷한 사례가 있었습니다. 2007년 일본 간토 지방에서 고등학생을 대상으로 설문 조사를 했는데, '러시'라는 마약을 알고 있다는 답변이 20퍼센트 정도 나왔습니다. 이 마약은 성관계 시 쾌감을 준다는 소문이 돌면서 유명해졌다고 합니다. 실제로는 뇌에 작용하지 않기 때문에 '좋은 기분'과는 상관이 없습니다. 하지만 소문이 소문을 낳아서 고등학생 사이에서 유행한 거지요. 이처럼 청소년기에는 또래의 영향을 많이 받기 때문에 호기심에 끌려 함께 시도하는 일이 생기기 쉽습니다.

Q 10대 사이에서 마약 퍼지는 속도가 점점 빨라지는 것 같은데 이유가 무엇일까요?

A 먼저, 마약 유통 방식이 온라인 비대면 거래로 바뀐 것이 가장 큰 이유라고 생각합니다. 마약 구입이 아주 쉬워졌어요. 검색 몇 번만 하면 마약 살 수 있는 텔레그램 방이나 다크 웹이 바로 나옵니다. 주문하면 1시간 이내에 받아 볼 수 있고요.

또 마약 가격이 많이 싸졌습니다. 메트암페타민 1회 투약분이 치킨 한 마리나 피자 한 판 값밖에 되지 않는다고 자조할 정도니까요. 공급자들끼리 가격경쟁이 치열하고, 불순물이 많이 섞인, 품질이 나쁜 동남아시아산 마약이 많이 유입되고 있다는 증거이기도 하지요.

마약은 보통 '던지기 수법'으로 구매자에게 전달됩니다. 던지기 수법이란 주택가 소화전이나 가스계량기, 에어컨 실외기처럼 쉽게 뒤지기 어려운 특정한 곳에 마약을 숨겨 두고 구매자가 대금을 입금하면 그 장소의 좌표를 알려 주어 찾아가게 하는 방식입니다. 공급자와 구매자는 직접 만날 일이 없고 전화나 이메일 등의 통신 기록도 남지 않지요. 마약 거래는 인터넷 기술이 발달하고 가상화폐가 등장하면서 갈수록 지능화하고 있습니다.

던지기 수법에 자주 이용되는 주택가의 가스계량기

Q 해외로 유학이나 어학연수를 갔다가 대마초 흡연을 비롯해 마약을 하고 오는 경우도 많다고 들었는데요. 10~20대 때 해외 경험이 마약에 가까이하는 계기가 되는 건 아닌지 염려스럽습니다.

A 2000년대부터 10대, 20대들이 해외로 많이 나가고 있습니다. 유학, 어학연수, 취업, 여행 등 여러 이유로 요. 우려하신 대로 외국에 체류하는 동안 마약을 접해 중독되는 경우가 많습니다. 특히 대마를 합법화한 나라에서 대마를 해도 국내법에 따라 처벌받는 걸 알면서도 '여기는 해외니까 괜찮지 않을까?' 하고 호기심에 접하기도 합니다. 입국 때 대마 관련 상품을 가지고 들어오다가 적발되기도 하고요.

최근에 제가 변론한 사건도 비슷합니다. 피고인은 중학생

때 미국으로 유학을 갔고 거기서 대학교까지 마쳤습니다. 그
런데 한국으로 들어올 때 대마 젤리를 가져와서 적발됐습니다. 자신이 살던 주에서는 대마가 합법이라 무심결에 들고 온
거지요.

알고 있듯이, 우리나라에서는 대마 사용이 불법입니다. 이
피고인의 행위는 마약 '밀수'에 해당되죠. 〈마약류 관리법〉에
따라 징역 5년 이상에서 무기징역까지 처벌이 가능한 중범죄
입니다.

청소년이 해외로 나가게 된다면 떠나기 전, 어떤 물질이 마
약류인지 알려 주어야 할 것입니다. 또한 마약류를 쉽게 접할
수 있는 국가라면 철저히 예방 교육을 해서 보내야 합니다.

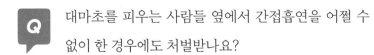

대마초를 피우는 사람들 옆에서 간접흡연을 어쩔 수
없이 한 경우에도 처벌받나요?

대마를 합법화한 나라를 여행하다 보면 간접흡연을
할 수 있습니다. 대마초는 담배와 유사하니까요. 하지
만 간접흡연으로는 양성 반응이 나오기 어렵습니다.

실제로 2015년 미국 존스 홉킨스 대학교 연구진은 밀폐된
방에서 1시간 동안 대마초 연기에 노출시키는 실험을 한 적이
있습니다. 그 결과 6명 중 1명만 소변에서 양성 반응이 나왔습

니다. 우리 법원도 '대마초 간접흡연으로 인한 양성 반응 가능성'을 받아들이지 않았습니다.

서울 서부지법은 2021년 〈마약류 관리법〉 위반 혐의를 받는 A씨에게 징역 4개월을 선고했습니다. 당시 A씨는 서울 용산구 등에서 대마초를 피운 혐의로 기소됐습니다. 그는 재판에서 "길거리나 음식점 화장실에서 대마 냄새를 맡은 적이 있어 간접흡연으로 검출됐을 것"이라고 주장했습니다. 하지만 국립과학수사연구원은 간접흡연만으로 소변에서 양성 반응이 나오려면 밀폐된 곳에서 대마초 흡연자 여러 명과 1시간 이상 있어야 가능하다고 고지했습니다. 이런 내용을 근거로 법원은 A씨 주장을 받아들이지 않았습니다. 대마초 간접흡연으로 마약류 사범이 될 확률은 매우 희박합니다.

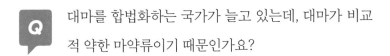

Q 대마를 합법화하는 국가가 늘고 있는데, 대마가 비교적 약한 마약류이기 때문인가요?

A 대마 합법화를 말할 때, 대마는 의료용 대마와 오락용 대마로 나눌 수 있을 텐데요, 2023년 12월 현재 오락용 대마 사용이 합법인 국가는 미국(일부 주)과 캐나다, 조지아, 룩셈부르크, 몰타, 멕시코, 남아프리카공화국, 태국, 우루과이 9개국입니다. 미국은 24개 주와 미국령 영토 3곳, 워싱

우루과이는 2013년 세계 최초로 대마를 합법화했다. 대마가 안전해서가 아니라 위험해서 단속하기 위한 조치였다. 사진은 약국에서 대마를 사기 위해 줄 서 있는 사람들

오락용 대마

대마에는 크게 환각 작용을 하는 THC와 진통 작용을 하는 칸나비디올cannabidiol, CBD 성분이 들어 있는데, 이 두 성분이 어떤 비율로 들어 있는지에 따라 의료용 대마와 오락용 대마로 나눈다. 의료용 대마는 THC 성분이 낮고 CBD 성분이 높은 반면, 오락용 대마는 THC 성분이 높고 CBD 성분이 낮다. 오락용 대마는 술이나 담배처럼 취급된다.

미국에서 대마를 합법화한 곳

24개 주: 워싱턴(주), 콜로라도, 알래스카, 오리건, 캘리포니아, 매사추세츠, 네바다, 메인, 버몬트, 미시간, 일리노이, 애리조나, 몬태나, 뉴저지, 뉴욕, 뉴멕시코, 코네티컷, 버지니아, 로드아일랜드, 미주리, 델라웨어, 메릴랜드, 미네소타, 오하이오
미국령 영토: 괌, 북마리아나제도, 미국령 버진아일랜드
워싱턴 D.C.

턴 D.C.에서 합법이지요. 오스트레일리아에서는 대마 재배와 소지가 불법이지만, 수도 캔버라를 관할하는 준주ACT에서는 2020년부터 18세 이상 성인의 대마 재배를 합법화했습니다. 네덜란드는 원칙적으로 오락용 대마가 불법이지만, 실제로는 거의 처벌하지 않고요.[24]

2012년 세계적인 의학 학술지《랜싯The Lancet》에 실린 논문에 따르면, 대마초는 LSD·GHB·환각 버섯 등 20개의 마약성 물질 중에서 중급에 해당하는 마약입니다. 해악성이 높다고 평가했고요.

대마를 합법화하는 이유는 앞에서 설명했듯이 대마 사용자가 너무 많아 국가에서 통제할 수 없는 지경에 이르렀기 때문에 그런 조치를 취한 것뿐입니다. 그러므로 합법화가 중독성이 약하다는 말이 아님을 명심해야 합니다.

 대마 외에 다른 마약류를 허용하는 나라도 있나요?

캐나다 브리티시컬럼비아BC주에서는 2023년 1월부터 2026년 1월까지 3년 동안 한시적으로 성인은 헤로인이나 펜타닐, 코카인, 메트암페타민 또는 엑스터시 같은 마약류를 2.5그램까지 소지할 수 있습니다. 단, 초·중·고교 등의 학교 구역과 아동 보호 시설, 공항과 기내, 연안 선박에서는

마약류를 쓰지 못하게 했지요.[25]

　캐나다 다른 주요 도시도 곧 이와 비슷한 마약류 정책을 도입할 예정이라고 합니다. 그러므로 캐나다로 유학이나 어학연수를 떠나는 청소년들에게는 반드시 마약의 위험성을 알리고 결코 한 번이라도 하면 안 된다고 철저히 예방 교육을 해야 합니다.

Q **18.** 주로 어디에서 마약을 구하나요?

A 텔레그램입니다. 거듭 말씀드린 것처럼, 거래 패러다임이 오프라인 대면에서 온라인 비대면으로 바뀌고 대금도 가상화폐로 지급할 수 있게 되면서 청소년들이 더 쉽게 마약을 구입할 수 있게 되었습니다. 10대들에게 마약 구매는 마치 배달앱에서 음식을 주문하는 것과 같은 세상이 되었지요.

경찰청에서 제공한 〈인터넷 등을 이용한 마약류 사범 검거 현황〉에 따르면, 2018년에는 인터넷 마약 사범이 1,516명 (18.7퍼센트)이었는데, 2022년에는 3,092명(25퍼센트)으로 부쩍 늘었습니다. 다크 웹·가상자산 이용 마약 사범도 85명(1.1퍼센트)에서 1,097명(8.9퍼센트)으로 크게 증가했고요.

이 데이터를 비롯해 마약류 사범 추이를 분석한 자료들을 보면, 이제 더는 한국이 마약 청정국이 아님을 알 수 있습니다.

인터넷 등을 이용한 마약류 사범 검거 현황[단위: 명, ( ): %]

연도 구분	2018	2019	2020	2021	2022	2023년 7월 현재
총검거(명)	8,107	10,411	12,209	10,626	12,387	11,629
인터넷 마약 사범 (총검거 대비)	1,516 (18.7)	2,109 (20.3)	2,608 (21.4)	2,545 (24.0)	3,092 (25.0)	2,451 (21.1)
다크 웹·가상자산 이용 마약 사범 (총검거 대비)	85 (1.1)	82 (0.8)	748 (6.1)	832 (7.8)	1,097 (8.9)	429 (3.7)

드라마나 영화에서처럼 조폭 등을 통해 유흥업소 같은 곳에서만 은밀하게 마약이 거래되던 시대가 더는 아니라는 것이지요. '설마 10대들이 무슨 수로 마약을 구해서 중독이 되겠어?'라고 생각하고 있다면, 오히려 그런 어른 먼저 마약에 관해 공부해야 할 것입니다.

청소년기에 한 번쯤 손대 보는 술과 담배는 자기에게 맞지 않으면, 멀리할 수 있습니다. 마약은 다릅니다. 마약은 호기심에라도 일단 한 번 하면 중독의 굴레를 벗기 어렵습니다. 따라서 마약이 어떻게 유통되어 청소년의 손에까지 갈 수 있는지 알아야 합니다.

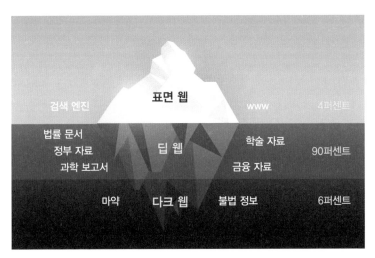

표면 웹

검색 엔진   www   4퍼센트

법률 문서   학술 자료
정부 자료   딥 웹   90퍼센트
과학 보고서   금융 자료

마약   다크 웹   불법 정보   6퍼센트

딥 웹과 다크 웹은 비슷해 보이지만 다르다. 딥 웹이 다크 웹보다 더 큰 개념이다. 즉 다크 웹이 딥 웹에 포함된다. 딥 웹은 검색 엔진을 통해 찾을 수 없는 모든 웹 페이지를 말하는데, 예를 들면 네이버 '메일함' 같은 것이다. 다크 웹은 특정 브라우저로 접속할 수 있는 숨겨진 네트워크다. 마약은 딥 웹과 다크 웹에서 주로 거래돼 수사가 쉽지 않다.

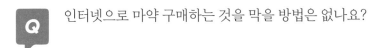 인터넷으로 마약 구매하는 것을 막을 방법은 없나요?

A 청소년이 마약을 사고파는 곳이 보통의 쇼핑몰이 아니라 IP주소 추적이 어려운 텔레그램 방이나 딥 웹deep web, 다크 웹dark web 등이라 수사가 무척 어렵습니다. 일단 텔레그램은 서버가 외국에 있어서 국내 수사기관으로서는 추적이 힘듭니다. 더구나 텔레그램 측은 보안을 이유로 우리 수사기관의 협조 요청에 응하지 않습니다. 여전히 텔레그램에 많은 마약방이 개설되고 운영되는 배경이지요. 마약 대금을

은행이 아닌 비트코인 등 가상화폐로 지불하기 때문에 더욱 추적이 어렵고요.

현재 우리나라에 들어오는 마약은 대부분 중국이나 동남아시아 국가 등에서 국제우편으로 밀반입됩니다. 이러한 유통 구조를 원천적으로 차단하려면 세관 검사 단계에서 모두 적발해 내야 하는데 그 또한 쉽지 않습니다. 날마다 수많은 화물이 들어오는데 이를 전부 검사해서 마약을 찾아내기는 어렵기 때문이지요.

청소년들이 마약 구매뿐 아니라 판매까지 하는 경우도 많다고 들었습니다.

청소년은 마약을 계속 구입할 경제적 능력이 안 되기 때문에 마약 살 돈을 벌기 위해 판매에까지 뛰어들기도 합니다. 마약 공급책들의 유혹에 빠져 마약 운반책으로 가담하다가 검거되는 일이 요즘 자주 발생합니다.

마약 공급책들은 텔레그램에 방을 개설하고는 주문을 받습니다. 구매자가 입금하면 '던지기 수법'으로 찾아가게 하고요. 최근에는 던지기를 할 운반책 모집 광고에 10대도 환영한다며 고액 알바비를 내세우는 경우가 많다고 합니다.[26] 이처럼 청소년 마약 범죄는 단순한 투약자에서 공급자로까지 진화할 수 있기 때문에 사회, 학교, 가정에서 모두 주의 깊게 살펴야 합니다.

앞에서 잠깐 언급했듯이 2011년만 해도 우리나라 마약 사범의 주 연령층은 40대였습니다. 그런데 2021년부터는 20대가 되었습니다. 10여 년 만에 이렇게 된 것은 10대 때부터 마약을 접한 사람이 많다는 방증입니다. 최근 적발된 10대 마약 사범 중에는 연예인 지망생이나 부유층 자녀들뿐 아니라 평범한 학생도 많습니다. 이 중에는 소위 공부 잘하는 '모범생'들도 있습니다. 마약에 빠져드는 10대가 아주 많다는 증거이지요.

 의료용 마약류를 청소년이 직접 처방받아 구입하는 경우도 많다고 하는데요.

 현재 크게 문제가 되는 약물이 펜타닐인데요, 펜타닐은 주사제, 패치, 설하정(舌下錠, 혀 밑에 넣고 녹인다), 박칼정(buccal tablet, 약을 입 안의 가장 안쪽 어금니 부근의 위쪽 뺨과 잇몸 사이에 넣고 녹인다), 나잘스프레이(nasal spray, 앉은 자세나 똑바로 선 자세에서 한쪽 콧구멍에 한 번 코 점막을 향해 뿌린다) 등으로 처방되는데, 청소년도 처방전만 있으면 쉽게 구할 수 있습니다.

식약처에 따르면 우리나라의 펜타닐(주사제 외 패치·정제) 처방 건수는 2018년 89만 1,434건에서 2021년 148만 8,325건으로 2배 가까이 늘었습니다. 동물병원에서도 펜타닐 패치를 처방받는 사례가 늘고 있습니다. 동물에게 처방된 패치를 사람이 쓸 가능성도 배제할 수 없는 것이지요.

펜타닐은 작은 실험실에서도 무제한 생산할 수 있기 때문에 불법 유통될 가능성이 아주 큽니다. 우리나라에도 불법 펜타닐이 들어올 가능성이 크고, 미국의 '좀비 거리'처럼 되지 않으리란 보장이 없다는 점을 염두에 두면 좋겠습니다.

마약 관련 전문가들은 "마약은 쉽게 구할 수 있으면 끊기가 더 어렵다"고 우려합니다. 쉽게 구할 수 있다면 유혹도 더 쉽게 받고, 손대기도 더 쉬워집니다. 마약을 구하기 쉬운 사회는 중독이 되기 쉬운 환경이라는 사실을 우리 모두 심각하게 인식하고, 이런 사회가 되지 않게 정부를 필두로 사회 전체가 노력해야 합니다.

 청소년이 마약을 쉽게 구할 수 있는 환경이라면, 양육자가 더 주의 깊게 관찰해야 할 것 같은데요. 자녀가 마약을 하는지 조기에 알아챌 방법이 있을까요?

코카인, 암페타민, 메트암페타민, 엑스터시 같은 각성제 계통의 마약을 하면 활동량이 많아지고 행동이 부

산해집니다. 며칠 밤을 새울 정도로 잠도 없어집니다. 양육자는 정신적인 문제로 볼 수도 있습니다. 그래서 자녀가 마약 복용 사실을 숨긴 채 병원에 가서 진료를 받으면 조울증으로 잘못 진단받을 수 있습니다.

반면 헤로인, 모르핀 같은 억제제 계통의 마약을 하면 의욕 없이 누워 지내고 잠을 많이 잡니다. 아이들은 마약을 하면 가족들을 피해 '잠수'를 타는 경우도 많습니다.

자녀가 평소와 달리 이런 행동들을 보인다면 유심히 살펴야 합니다. 특히 방에서 낯선 약봉지가 발견된다면 반드시 자녀에게 약의 출처를 물어보고 그 내용이 맞는지 직접 확인도 해야 합니다.

Q 19. 마약 중독을 예방하려면 일상생활에서 어떻게 해야 할까요?

A 너무도 당연한 말이지만, 가장 좋은 예방법은 처음부터 손대지 않게 하는 것입니다. 사회에서는 마약에 대한 호기심을 자극하지 않는 환경을 조성해야 하고, 가정과 학교에서는 어렸을 때부터 마약의 위험성을 알리는 교육을 철저히 해야 합니다.

유명 연예인들의 약물 중독 사례를 보면, 대중의 주목을 받으며 잘나가는 상황인데도 스트레스와 압박감, 우울증에 시달려 약물에 빠져들곤 합니다. 정신적인 피로감은 강렬한 돌파구를 원합니다. 학업 등으로 인해 고민이 많은 청소년도 마찬가지일 것입니다.

더욱이 청소년의 뇌는 아직 발달 중이라 성인보다 위기와 스트레스에 더 취약합니다. 더 쉽게 중독에 빠질 수 있는 이유이지요. 중독에 영향을 미치는 도파민 외에도 뇌에는 아드레 날린, 엔도르핀, 세로토닌 등 감정에 영향을 미치는 신경전달 물질이 있습니다.

그중 엔도르핀은 모르핀 같은 진통 작용을 하면서 기분도 좋게 합니다. 엔도르핀을 몸에서 만들어지는 '천연마약'이라 고 부르는 이유이지요. 바람을 맞으며 힘차게 달리거나 매운 음식을 먹을 때도 엔도르핀이 분비됩니다. 도파민이 짜릿한 쾌감을 준다면 세로토닌은 그것과 다른 기분 좋음을 느끼게 합니다. 긍정적인 기분을 느끼게 하므로 '행복 호르몬'이라고 도 하지요.

세로토닌은 극단적인 선택을 하지 않도록 조절하고 스트레 스를 줄이는 데 효과가 있습니다. 운동을 하거나 햇볕을 쬐면 분비량이 늘어납니다. 야외 활동이 분비에 도움이 되겠지요.

이처럼 청소년의 뇌와 호르몬에 관심을 가지고 부족한 부 분을 채우도록 돕는다면 마약에 손을 대는 그릇된 선택을 막 을 수 있을 것입니다.

특히 청소년기에는 어른들 영향을 많이 받기 때문에 어른들 이 제 역할을 잘 해내야 합니다. 일례로 가족과 유대감이 강할 수록 위험 행동이 줄어든다는 연구 결과도 있습니다. 청소년 기에 보상회로의 영향을 크게 받는다는 것은, 중독 등의 부정 적인 결과에 이르지 않게 주의시켜야 한다는 의미이면서, 칭

찬이나 관심 등의 긍정적인 자극을 줘서 인생을 바꾸어 놓을 수 있는 좋은 시기라는 의미이기도 합니다. 양육자의 자상한 격려나 선생님의 따뜻한 말 한마디 등의 '자극'으로 잠재적 가능성을 폭발적으로 끌어낸 사례들이 심심치 않게 나오는 것만 봐도 알 수 있는 일이지요.

가끔 중·고등학교에서 마약을 주제로 강연을 합니다. 청소년들과 얘기를 나누면서 마약 예방은 개인의 문제로 떠넘겨선 안 되고 가정, 학교, 사회에서 모두 함께 힘써야 할 문제라는 생각을 절실히 하곤 합니다. 또한 학교 안뿐 아니라 학교 밖 청소년에 대한 사회적 관심도 잊지 말아야 한다고 강조하고 싶습니다.

Q 20. 예방 교육을 따로 꼭 해야 할까요?

A 반드시 필요합니다. 청소년이 호기심에 마약에 손을 대는 것은 마약이 얼마나 쉽게 중독되는 위험한 약물인지 잘 모르기 때문입니다.

검사 시절, 마약 사범들과 얘기를 나눠 보면 대부분 후회합니다. 그러면서 이런 말을 꼭 덧붙였습니다. 처음부터 마약의 위험성을 알았더라면 애당초 손대지 않았을 거라고 말이지요. 마약 사범들은 처음에는 대부분 사소한 계기로 시작합니다. 친구나 선후배가 권해서, 단순한 호기심에, '나는 한두 번만 경험해 보고 쉽게 끊을 수 있다'는 자만심에….

단 한 번의 투약으로 중독이 될 수 있고 중독이 되면 끊기 어려워 자포자기하는 것이 마약입니다. 따라서 마약 문제를 근본적으로 해결하려면 어렸을 때부터 마약이 얼마나 위험한지 알려 줘 처음부터 손대지 않게 해야 합니다.

현재 우리나라는 학교에서 매년 10시간의 '약물 오남용 예방 교육'을 실시합니다. 이때 마약 예방 교육도 하지요. 하지만 이 정도로는 충분하지 않습니다. 재활 치료를 하는 것도 중요하지만, 아예 마약에 접근하지 못하게 차단하는 예방 교육이 더 중요하기 때문에, 학교에서 실효성 있는 예방 교육을 실시하는 것이 반드시 필요합니다.

Q 예방 교육 때문에 오히려 마약에 호기심이 생기면 어쩌나 걱정하는 양육자들도 있던데, 이런 우려는 어떻게 생각하시나요?

A "나쁘게 알면 더 궁금하다"는 말이 있습니다. 마약에 대한 정확한 정보를 모른 채, 인터넷 서핑이나 친구들의 입소문으로 마약을 접하면 그것이 진실이라고 믿기 쉽습니다. 연예인이나 재벌가 자녀들, 유튜버 등 유명한 사람들도 하니 별것 아니겠지 할 수도 있습니다. 마약에 대해 제대로 알면 이런 그릇된 호기심도 막을 수 있습니다. 특히 어렸을 때부터 마약이 얼마나 위험한지 충분히 알면 마약에 빠지는 일을 줄일 수 있습니다.

문제는 학교 밖 청소년들입니다. 학교 안 아이들은 짧게나마 예방 교육을 받지만, 학교 밖 청소년들은 그런 기회조차 누릴 수 없기 때문이지요. 국가에서 대책을 마련해야 할 것입니다.

마약 중독은 중독자뿐 아니라 아니라 가족의 삶까지 파괴합니다. 그러므로 개인의 문제로 떠넘기지 말고 학교, 더 나아가 사회에서 함께 해결해야 할 문제로 봐야 합니다.

Q **21.** 구체적으로 어떤 교육을 하나요?

A 2015년부터 초·중·고등학교에서는 '7대 안전교육'을 꼭 하게 돼 있습니다. 7대 안전교육은 생활 안전, 교통안전, 폭력 예방 및 신변 보호, 약물·사이버 중독 예방, 재난 안전, 직업 안전, 응급 처치로 이루어져 있는데 이 중 약물·사이버 중독 예방 교육은 학기당 2회 이상, 3개월에 1회 이상, 한 해에 총 10시간 동안 하도록 규정해 놓았습니다.

앞에서 말한 '약물 오남용 예방 교육'은 '약물·사이버 중독 예방'에 해당하는 것인데 고등학교 교사인 지인 말에 따르면, 최근 마약 문제가 심각해져선지, 전체 10시간 중 2시간은 꼭 마약을 포함한 약물 오남용 예방 교육을 해야 한다고 합니다.

어떤 교육을 하는지 조금 더 살펴보면 이렇습니다. 약물 중독 예방 교육은 학년에 따라 난이도를 조절해서 합니다. 초등

학생에게는 약물 오남용의 위험성과 올바른 약물 복용법, 중독성 물질을 알고 안전하게 활용하기 등을 가르칩니다. 중·고등학생에게는 향정신성 물질과 중독성 물질이 얼마나 위험하고 어떤 피해를 입히는지 등을 알려 줍니다.

양육자 입장에서는, 아직 어린데 약물에 대해 너무 자세히 알려 주는 것 아닌가 하고 걱정할 수도 있겠지만, 청소년은 어른보다 훨씬 인터넷에 능숙합니다. 정보 검색 능력과 정보 흡수력이 어른보다 더 빠르기 때문에, 그릇된 정보를 먼저 접하기 전에 올바른 예방 교육을 통해 정확한 정보와 지식을 전달해 주는 것이 훨씬 더 청소년을 안전하게 지키는 방법입니다.

수업은 누가 하나요? 그리고 학교마다 내용이 다른가요?

 약물 중독 예방 교육은 학내 보건교사 등이나 학교에서 초빙한 전문가가 합니다. 교육부에서는 수업에 필요한 카드 뉴스, 동영상 등의 교육 자료를 학교에 제공하고 있고요.[27]

하지만 학교 현장에서는 지금과 같은 방식의 교육은 별 도움이 안 된다는 지적이 많습니다. 저도 여러 번 학교에 가서 강연을 한 적이 있는데 충분히 알리기에는 수업 시간이 너무 짧았습니다. 또 저 같은 전문가를 초빙하지 않으면 학교 선생님들이 교육을 해야 하는데, 다른 업무가 많아 제대로 준비하기 어렵다고 하소연하시더군요. 결국 교육부에서 제공하는 자료 중심으로 영상만 틀어 주는, 형식적인 교육에 그칠 때가 많다고 합니다. 이건 아주 심각한 문제이고, 어떻게든 해결책을 찾아야 한다고 생각합니다.

 마약 예방 교육이 어느 정도 효과가 있을까요?

마약 예방 교육은 다른 안전교육과 달리 교육 효과를 바로 체감하기는 어렵습니다. 꾸준히 해야 한다는 점을 명심하면 좋겠습니다. 마약이 얼마나 무섭고 해로운지 깊이 각인되기까지 시간이 걸리는 것이지요. 교육 몇 번 해 놓고 눈에 띄는 효과가 없다며 포기해서는 안 될 일입니다. 어떻게 하면 더 효과적으로 예방 교육을 할지 연구해야 합니다.

앞으로 다양한 마약 예방 교육 콘텐츠가 나오고, 관련 프로그램도 진행되어야 한다고 생각합니다. 변호사, 의사, 약사 등 전문가들을 활용해 주기적으로 마약류에 대한 처벌, 부작용 등에 대해 실질적인 교육을 하면 좋겠습니다. 마약이 얼마나 위험한 것인지 그리고 마약 범죄를 저지르면 어떤 처벌을 받는지 등을 확실히 이해시켜야 교육의 효과를 거둘 수 있으리라 생각합니다. 이런 목표를 실현하자면 정부의 적극적인 지원이 필요하겠지요.

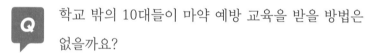

Q 학교 밖의 10대들이 마약 예방 교육을 받을 방법은 없을까요?

A 안타깝게도 아직까지는 교육받을 곳이 많지 않습니다. 한국마약퇴치운동본부[28]는 국내에서 거의 유일한 마약 전문 단체인데요, 서울을 비롯해 각 지역에 본부를 두고 있습니다. 일단 이곳에서 교육을 받을 수 있습니다. 지역 주민, 유아, 초·중·고등학생 등 대상별로 약물 오남용 예방 교육을

실시하고 있으니까요. 대면 교육과 온라인 교육 모두 가능하고요.

학교에서는 예산과 인력이 부족해서 다양한 수업을 준비하기 어려운데, 한국마약퇴치운동본부에서는 연극, 체험 교육 등 다양한 방식으로 교육을 시도합니다. 학교에서 한국마약퇴치운동본부에 교육 요청을 하면 직접 학교로 와서 수업도 진행한다니, 활용해 보면 좋겠습니다.

한국마약퇴치운동본부

- 홈페이지: www.drugfree.or.kr
- 대표 메일: drugfree@drugfree.or.kr
- 전국 상담 대표 전화: 1899-0893

더 읽기　　보건교사 인터뷰

※ 인터뷰이는 현재 고등학교 보건교사입니다. 인터뷰이 요청에 따라 실명은 공개

　하지 않습니다.

👤 현재 학교보건법에 따라 약물 오남용 예방 교육을 실시하고
있는 것으로 알고 있습니다. 중·고등학교에서는 실제로 어떤 교
육을 하고 있나요?

🎐 〈학교보건법〉[29]과 〈학교안전사고 예방 및 보상에 관한 법
률〉[30]에서 규정한 대로, 학교에서는 학년별로 마약류를 포함한 약
물 오남용 예방 교육을 매년 10시간씩 합니다.

　학교마다 다를 텐데, 저희 학교는 보건교사와 과목교사가 번갈
아 가면서 교육을 하고 있고, 전문가를 초빙할 때도 있습니다.

　내용도 학교마다 다를 텐데요, 학생들이 알고 있어야 할 마약
류 종류, 마약류를 했을 경우 생길 수 있는 피해, 법적 처벌 등이
가르치는 주 내용입니다.

수업 자료는 교육부에서 한국마약퇴치운동본부와 함께 제작한 교육 자료, 교사용 지도서, 동영상, 카드 뉴스 등을 활용합니다. 이것이 보통 기본 자료이고, 여기에 자료를 덧붙이기도 합니다. 교사마다 덧붙이는 내용은 다르고요.

청소년 마약 문제가 심각해지고 있는 만큼, 저희도 교육부 연수 등 관련 교육을 수시로 받으면서 새로운 정보나 사례 등을 듣고 수업 자료로 보충하고 있습니다.

👤 학생들이 마약 관련해서 상담을 요청해 온 적이 있나요?

제 경우만 말씀드리면, 아직까지는 없습니다. 다만 수업을 하다 보면 아이들이 마약류에 관심을 보인다는 느낌은 받습니다. 남녀 중에서는 남학생들이 조금 더 궁금증이 많고요. 여학생들은 다이어트 약에 관심이 많은 편입니다.

상담 사례는 없지만, 청소년 마약 관련 뉴스를 접하고 학생들을 만나면 여러 생각이 들고는 합니다. 저 가운데에도 분명 마약에 호기심을 갖고 있거나 이미 마약 문제로 고민을 하는 친구도 있겠구나 하고 생각하지요. 또 훗날 마약 문제에 직면할 아이들도 있겠구나 싶고요.

학생들에게 마약에 대한 정보를 정확히 알려 주고 마약 문제가 생겼을 때 어떻게 이겨 나가야 할지 알려 줄 누군가가 분명 필요하다고 생각합니다. 어려운 일이지만 청소년이 주로 머무는 공간인 학교야말로 그런 일을 해야 하는 현장이라고 생각합니다.

👤 최근 청소년 마약 관련 뉴스나 콘텐츠가 많이 나오고 있습니다. 마약 예방 교육을 하는 입장에서 어떻게 보시나요?

🙏 저는 교육자이면서 청소년 양육자이기도 합니다. 최근 드라마나 영화 등에 나오는 마약 관련 장면을 보면, 놀라고 걱정하기도 합니다. 실태를 정확히 보여 주는 것은 좋은데, 마약을 사고파는 방법을 너무 자세히 알려 주기 때문이지요. 혹시 따라 하면 어쩌나 하는 걱정이 앞설 때가 있습니다. 물론 감춘다고 해서 마약 문제가 줄어들지는 않겠지만요. 그렇더라도 대중매체가 마약에 관한 정보를 제공하는 수단이 되어선 안 된다고 생각합니다.

자살 관련 보도는 언론 윤리 강령이 있다는 기사를 읽은 적이 있습니다. 마약 관련 보도나 콘텐츠도 보도와 제작을 하시는 분들이 청소년에게 미칠 유해성을 더 많이 고민해 주셨으면 하는 바람이 있습니다.

👤 선생님께서 생각하는 바람직한 마약 관련 교육은 어떤 것인가요? 현장에서 어떻게 수업이 이루어지는 것이 좋을까요?

마약 문제로 고민해도 학생들이 보건실로 찾아오기는 힘들 거라고 생각해요. 마약 중독자라고 낙인찍힐 위험이 있고, 정말 그렇게 되면 자기 자리로 돌아오는 것이 쉽지 않을 테니까요.

위험성만 계속 강조하는 예방 교육은 학생들에게 공포감은 안겨 줄지 몰라도, 극복하는 방법은 알려 주지 못한다고 생각합니다. 실수로든 아니든 마약을 했다는 낙인이 찍히면 그 학생은 앞으로 너무나 힘든 시간을 보내게 될 것입니다.

보건교사로서 이런 학생들의 마음이나 고충을 생각하면 아득해집니다. 마약을 했다는 사실이 노출된 이후의 청소년 삶도 생각해 주었으면 합니다.

좋은 사회는 "다시 일어설 수 있는 기회"를 많이 주는 사회라고 생각합니다. 마약을 절대 하면 안 된다고 예방을 강조하는 것도 중요하지만, 넘어졌을 때 일으켜 주는 누군가가 있다는 것을 알려 주는 교육도 중요하다고 생각합니다. 그런 교육이 함께 이루어지길 바랍니다.

Q **22.** 정부에서는 청소년 마약 예방을 위해 어떤 일들을 하고 있나요?

A 청소년 마약 문제가 날로 심각해지자 2022년 11월에 학교보건법 일부 개정 법률안이 발의되었습니다. 학교에서 마약류가 얼마나 위험한지 알려 주는, 예방 교육을 강화하자는 취지입니다. 법안에는, 매년 학생과 교직원에게 마약 예방 교육을 하자는 것과 한국마약퇴치운동본부 같은 전문 단체에 예방 교육과 예방 교육 프로그램 운영 등을 위탁할 수 있게 하자는 내용 등이 담겼습니다. 이 법안은 아직 국회에 계류 중입니다.

또 2019년 4월 신설해 임시 조직으로 운영하던 마약안전기획관을 2023년 2월부터 식약처 내의 정규 조직으로 전환했습니다. 마약류에 대한 시민들의 불안을 덜어 주기 위해서지요. 마약안전기획관은 기존에는 단속과 처벌 중심으로 대응했다면, 앞으로는 예방과 재활에 방점을 찍겠다고 발표했습니다.

마약 예방을 위해 따로 노력하는 지자체도 있습니다. 울산시는 2023년 상반기에 마약 예방 협의체를 구성했습니다. 관내 대학교 등에서 불법 마약류 사용 금지 교육을 진행했지요. 젊은 층에서 마약 사범이 급증하니, 예방에 적극 나서기로 한 것입니다.

하지만 예방 교육 지원 예산은 아직 부족한 것이 실정입니다. 예방 교육과 치료를 한 부처에서 전담하는 것이 아니어서 (예방은 교육부, 치료는 보건복지부), 청소년 중독 실태를 정확히 파악할 체계가 없다는 것도 안타까운 현실입니다.

2023년 11월 28일 보건복지부는 2024년 상반기부터 마약류 중독자 '치료보호' 대상자도 건강보험을 적용받도록 하겠다고 발표했습니다. 그나마 다행스러운 조치입니다. 치료보호 대상자는 검찰에서 마약 중독 등으로 기소유예 처분을 받거나 복역 후 출소한 사람, 중독 청소년 등을 말합니다. 그 숫자가 2022년 기준 약 420명입니다. 지금까지는 법원에서 치료명령·치료감호 판결을 받은 중독자 치료 등에만 건강보험이 적용되었는데, 그 범위를 확대한 것입니다.[31]

더 적극적인 지원이 필요해 보이는데요?

 2020년에 보건복지부가 '노담 캠페인'을 벌였습니다. 청소년 흡연 예방에 목적을 둔 경쾌하고 밝은 광고였습니다. 청소년들이 흡연 유혹 상황에서 '노담'을 소신 있게 외치는 모습이 긍정적인 평가를 받으며 새로운 문화까지 만들어 냈습니다. 이후 많은 학교나 기관에서도 '노담'을 교육에 활용한 사례를 찾아볼 수 있었지요. 마약 예방 교육도 이처럼 이해하기 쉽고 깊이 공감할 수 있는 콘텐츠로 만들어 지속해 나갈 필요가 있습니다.

2015년 광주지검에서 근무할 때 '배려교통문화실천운동'을 추진한 바 있습니다.[32] 교통사고를 줄이기 위한 의식 개혁 운동인데, 'SOS 1000만 명 릴레이 캠페인'이라는 별칭으로 진행했지요. 유명 작곡가가 재능기부로 캠페인송을 주었습니다. 저는 이 곡에 맞춰 춤을 추면서 다음 주자를 지정했습니다. 이런 방식으로 캠페인을 계속 이어 갔지요. 아주 반응이 좋아서 이 캠페인은 수개월 만에 전국으로 퍼져 나갔습니다.

이 캠페인을 벌인 이유는 당시 광주광역시가 전국에서 교통사고 발생률이 가장 높았기 때문입니다. 교통사고를 줄이려면 일회성 이벤트 캠페인으로는 부족합니다. 의식을 바꾸어야 하고, 그러자면 배려심을 고취하는 것이 가장 중요하다고 생각했습니다. 배려심이 있으면 모든 갈등이 해소될 수 있다고 본 거지요. 캠페인을 벌인 후 광주시의 교통사고 발생률이 실제로 크게 줄어들었습니다.[33]

마약 예방 교육도 딱딱한 주입식보다는 학생들을 능동적으로 참여시키는 방식이 훨씬 더 큰 효과를 거두리라 생각합니다.

Q 23. 다른 나라에서는 어떻게 예방 교육을 하고 있나요?

A 마약 중독은 여러 나라에서 오래전부터 골머리를 앓고 있는 문제입니다. 그래서 국가 차원에서 특히 청소년 마약 예방 교육에 힘을 쏟습니다. 일례로 마약 문제가 심각한 영국이나 미국은 일찍부터 학교에서 마약 예방 교육을 실시하고 있습니다.

2005년 한국형사·법무정책연구원이 출간한 《국가마약퇴치 전략과 소년형사정책》에 따르면, 영국에서는 국가 차원의 청소년 마약 문제 대책이 1990년대부터 나왔습니다. 청소년 범죄의 주요 원인이 마약으로 떠오르면서 대책을 본격적으로 세운 것이지요. 1998년에는 마약 퇴치를 위한 10개년 국가 전략을 세우고, 청소년들에게 마약의 유혹을 극복하는 데 필요한 정보를 제공하기 시작했습니다.

초·중등학교 교육 과정에 마약 예방 교육을 포함시키고, 지역에 청소년 마약상담실도 설치했습니다. 또한 모든 소년범죄 대책반에 마약 문제 전문가를 두었습니다. 그런데도 영국은 2020년, 코로나 팬데믹 기간에 마약 문제가 다시 기승을 부렸고 1993년 이후 최다 마약 사망자가 발생하는 불행을 겪었습니다. 영국에서는 지난 몇 년간 정부 예산이 삭감돼 약물 중독 방지 서비스가 제대로 작동하지 않은 결과라는 비판이 일고 있습니다.

미국은 2002년부터 청소년층의 마약 사용이 증가했는데, 국가 차원에서 심각성을 인식하고 청소년 마약 예방 교육을 적극적으로 시행했습니다. 2003년에는 청소년과 양육자를 대상으로 마약 예방 캠페인을 벌였고, 특히 TV 광고를 14~16세에 맞추었습니다. 마약을 시작하는 가장 위험한 연령대로 분석했기 때문이지요.

하지만 미국 역시 코로나 팬데믹 기간에 연간 10만여 명이 펜타닐을 비롯한 마약성 진통제 남용으로 사망했습니다. 영국처럼 정부와 사회가 코로나 대응에 집중하느라 마약 문제를 소홀히 한 결과지요. 미국 정부는 다시 마약 예방을 위한 예산 확보에 나섰습니다.

Q 예방 교육을 꾸준히 해 온 선진국에서도 조금만 방심하면 재발하는 것이 마약 문제군요?

A 네, 영국과 미국 상황만 보더라도 그렇죠. 꾸준히 대책을 세워 실행해도 잠시 방심하면 그동안 공들였던 것들이 무너질 수 있습니다. 마약 문제는 한두 번 대책으로 해결할 수 있는 것이 아니라 국가, 사회가 장기적인 안목을 가지고 꾸준히 함께 관리해야 할 문제란 점을 다시 강조하고 싶습니다.

Q 그렇다면 예방 교육은 어떻게 진행해야 효과적일까요?

A 《국가마약퇴치 전략과 소년형사정책》에 따르면, 일차적인 교육만으로는 한계가 있습니다. 단순히 마약 관련 정보와 마약이 얼마나 해롭고 위험한 것인지를 알려 주는 것만으로는 청소년의 마음을 움직이고 행동에 변화를 주기는 어렵다는 것입니다.

마약 경험이 없는 청소년들에게는 마약의 폐해를 효과적으로 전달할 방법을 계속 모색해야 하고, 마약 경험이 있는 청소년들에게는 마약에서 눈을 돌릴 수 있는 구체적인 대안이 제

시되어야 합니다.

예방 교육은 가능한 한 빨리 시작할수록 좋고, 지속적이어야 효과를 볼 수 있습니다. 또한 마약 문제를 해결하려면 국가가 나서서 예방 교육과 재활 시설 확충에도 힘써야 합니다. 거듭 강조하지만, 마약 문제는 단기적으로 해결할 수 없기 때문에 지속적인 예방 교육과 함께 재범을 막을 수 있는 재활 시설이 반드시 필요합니다.

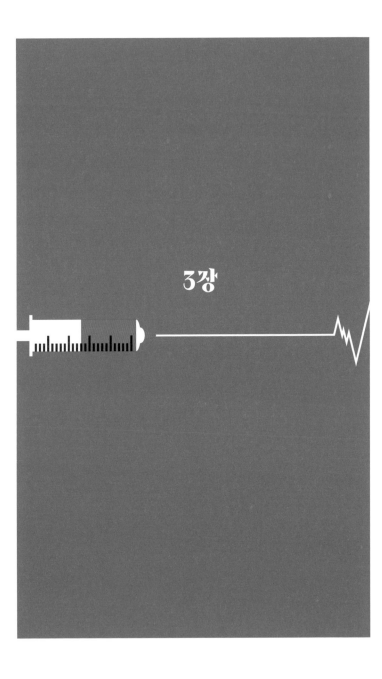

3장

단약

Q 24. 한 번이라도 마약을 했다면 어떻게 해야 하나요?

A 친구들 따라 호기심에, 혹은 인터넷 광고 등에 혹해서 마약을 한 번 혹은 짧게라도 접했는데, 그런 경우에도 중독이 되거나 처벌을 받게 될까 하고 묻는 분이 많습니다. 결론부터 말하자면, 그렇습니다.

마약은 성분에 따라, 사람에 따라 단 한 번의 투약으로도 중독될 수 있습니다. 일단 한 번 접하면 뇌에서 강하게 원하기 때문에 마약을 끊고 싶어도, 즉 단약을 하고 싶어도 끌려 다시 하게 됩니다. 특히 주변에 마약을 하는 사람이 있다면 단약은 더 어렵습니다. 그런데 사실 마약을 하다 보면 일자리를 잃고 가족도 떠나 결국 주변에 마약 하는 사람들만 남습니다.

검사 시절, 여러 번 다시 들어온 마약 사범을 많이 보았습니다. 저는 그들에게 수년 동안 수감 생활을 하면서 고생했는데도 왜 약을 못 끊었냐고 에둘러 질책하곤 했습니다. 그들의 답변은 이랬습니다. 감옥에 있을 때는 다시 마약을 하지 않겠다고 다짐하지만, 출소 이후 마약과 관련된 단어만 들어도 뇌가 그것을 갈구하는 상태가 되어 다시 손대는 악순환에 빠진다고요.

마약을 한 번이라도 접했고 자꾸만 다시 하고 싶은 충동이 인다면 전문 치료기관에서 상담과 치료를 받아야 합니다. '한 번이니까 괜찮지 않을까' 하고 안일하게 생각할 일이 아닙니다. 한 번 접했다는 것은 언제든 다시 마약을 할 가능성이 있고, 마약 중독에 이를 수 있다는 의미하기 때문입니다.

처벌도 마찬가지입니다. 우리나라에서는 〈마약류 관리법〉에 따라 마약류를 투약하는 것은 물론, 단순히 소지만 하고 있어도 징역형을 받도록 되어 있습니다. 초범이고 딱 한 번 했을 뿐이라고 억울함을 토로해도 범죄 유형에 따라 예상과 달리 높은 형량을 선고받을 수 있습니다.

Q 자녀가 마약이나 약물을 한 사실을 양육자가 알게 되었다면 어떻게 대처해야 하나요?

A 2023년 3월, 텔레그램에서 마약을 구입해 집에서 투약한 중학생의 경우, 학생의 어머니가 경찰에 신고해서 수사가 진행될 수 있었습니다. 어머니가 빠르게 조치한 덕분에 그 학생은 조기에 법의 엄중함을 깨닫고 마약 중독이라는 깊은 수렁에 빠지지 않을 기회를 얻었다고 생각합니다. 다행이지요. 만약 학생의 어머니가 자녀의 형사처벌을 피하기 위해 이를 숨겼다면 그 학생은 마약 중독자가 되었을 가능성이 큽니다.

이 사건처럼 주변에서 관찰하고 관심을 가지는 이가 없다면, 한 번 마약을 접한 청소년이 다음 마약을 접하기는 더욱 쉬워질 것입니다. 항상 자녀뿐 아니라 주변 청소년에게 관심을 가지고 관찰을 해 준다면 더 심각한 사태를 미리 막을 수 있을 것입니다.

Q 가정에서 아이를 관찰한다고 해도, 어떤 부분을 주의 깊게 봐야 할지 모를 양육자가 많을 것 같습니다. 어떤 점을 주의 깊게 관찰해야 할까요?

A 먼저 청소년이 어떤 문제로 고민하거나 어려움을 겪고 있는지 살피는 것이 중요합니다. 또래를 통해 호기심에 마약에 손을 대는 경우도 있지만, 고민을 해결하기 위해 택하는 경우도 있으니까요.

문제는, 예를 들어 앞서 얘기한 '공부 잘되게 하는 약'이나 다이어트 약에 마약 성분이 들어 있다는 사실을 모른 채 접근하는 경우가 많다는 것입니다. 특히 식욕 억제제는 다이어트에 도움이 된다고만 생각하기 때문에 청소년이 거리낌 없이 접하기 쉽습니다.

마약을 사용하면, 평소와 다른 행동이나 태도들을 보일 수 있으니, 잘 관찰해야 합니다. 코카인, 암페타민, 메트암페타민, 엑스터시 같은 각성제를 사용했다면 활동량이 평소보다 많아지고 행동이 부산스러워지며 잠이 없어집니다. 헤로인, 모르핀 같은 억제제를 사용했다면 의욕 없이 누워 있거나 평소보다 많이 잘 수 있습니다.

마약으로부터 청소년을 지켜 내려는 정부의 강력한 의지와 사회 감시망이 가장 먼저 필요하지만, 청소년을 가장 가까이에서 지켜보는 학교와 가정에서도 관심 어린 시선이 필요합니다. 언제든 청소년이 마약을 접할 수 있는 환경이라는 것을 인지하고, 청소년을 보호할 방법을 꾸준히 찾아야 합니다.

Q **25.** 아이가 마약에 중독된 것 같으면 어디로 도움을 청해야 하나요?

A 마약은 한 번만 해도 중독될 수 있는 매우 위험한 것이라고 아무리 강조해도 우리는 불가항력적으로 마약에 빠진 청소년과 만나게 될 수 있습니다. 이런 아이들은 돌아올 수 없는 길에 들어선 것이 아니라, 언제든 회복의 길로 돌아올 수 있습니다. 자신을 포기하고 계속 마약에 의존하지 않도록 가능하면 빠르게 도움을 요청해야 한다는 사실을 평소에도 수시로 청소년에게 알려 줄 필요가 있습니다.

보건교사나 양육자 등 청소년 주변의 어른들은 청소년이 마약 문제에 관해 털어놓을 수 있게 소통의 창구를 늘 열어 두어야 합니다. 한국마약퇴치운동본부 같은 전문 단체에 도움을 청할 수도 있고요.

Q 앞에서 보건교사 선생님도 우려하셨듯이, 청소년 입장에서는 자신이 마약을 한 사실을 누군가에게 털어놓기가 쉽지 않을 것 같습니다. 교사나 양육자 외에 청소년이 가까이할 수 있는 상담 창구도 있을까요?

A 안타깝게도 아직까지는 마약 관련 상담 기관이 많지 않습니다. 앞서 말씀드렸듯이, 한국마약퇴치운동본부가 거의 유일한 마약 전문 단체입니다. 한국마약퇴치운동본부의 지역 본부 중 하나인 대구본부에서는 대구시약사회와 함께 2021년부터 '마약류 중독예방 상담약국'인 '마중 약국'을 운영하고 있습니다. 약국은 누구나 부담 없이 드나들 수 있는 문턱이 낮은 장소란 장점을 활용해 마약 중독으로 고민하는 상담자를 발굴하고 상담할 수 있게 한 것입니다. 실제로 마중 약국에서는 마약 중독으로 고민하는 20대, 암 수술 때문에 마약인지 모르고 복용했다가 중독된 환자 등을 상담한 사례가 있습니다.[34]

마중 약국 포스터

또 다른 곳으로는 다르크Drug Addiction Rehabilitation Center, DARC가 있습니다. 다르크는 마약

중독자들의 재활을 돕는 민간 시설인데, 일본 다르크를 모델로 삼아 그룹홈 형태로 꾸린 곳입니다. 이곳에서 중독자들은 24시간 내내 함께 생활하면서 서로의 재활을 돕습니다.

──────────────────⊏⊐ 다르크 ▯───────────────────

다르크는 1985년 일본에서 처음 만들어졌다. 약물 중독자들의 재활을 위한 민간 시설이다. 다르크에서 중독자들은 24시간 내내 함께 생활하면서 치료에 도움이 되는 프로그램을 직접 짜거나 자조 모임을 하는 등 재활을 위해 서로 돕는다. 일본 국립 정신·신경의료연구센터가 발행한 《다르크 추적조사 2018》에 따르면, 2016년에서 2018년까지 다르크 이용자 695명을 대상으로 조사한 결과, 단약 성공률이 88퍼센트에 이른다. 일본 다르크는 2023년 6월 현재 전국에 95개가 있다.[35]

한국에서는 2012년에 다르크가 처음 문을 열었는데, 일본 다르크 회원들이 지원해 준 덕분이었다. 2023년 12월 현재 경기도, 인천, 김해, 대구 다르크 4곳이 운영 중이다. 경기도 다르크는 2023년 6월, 남양주시에 고발당해 운영이 중단될 뻔했는데, 다행히 이전으로 마무리됐다. 당시 고발 사유는 미신고 시설이라는 점이었지만, 이 일의 배경에는 다르크 바로 옆 학교에 자녀를 통학시키는 양육자들의 민원이 있었다.[36] 다르크를 혐오 시설로 바라보는 시선을 어떻게 극복할지는 앞으로 풀어야 할 숙제이다.

- 대구 다르크: (주소) 대구광역시 동구 화랑로 177-3, 3층 (연락처) 070-8624-0523
- 인천 다르크: (주소) 인천광역시 미추홀구 미소홀로 402, 대동아파트 3동 604호 (연락처) 010-8480-1445
- 김해 다르크(리Born-House): (주소) 경남 김해시 평전로 93번길 10-19 (연락처) 055-328-6848
- 경기도 다르크: (주소) 경기도 양주시 장흥면 가마골로 258번길 122 (연락처) 010-3894-6762

아직 우리나라에 마약 관련 치료나 상담 기관이 많지 않은 것은 안타까운 일입니다. 최근 법무부에서 청소년 마약 중독자가 늘어나고 있는 만큼 청소년들에게 예방, 재범 방지 교육을 확대하겠다고 발표했습니다.[37] 정부와 의료기관이나 교육기관 등이 함께 손을 모아 더 많은 관심을 가지고 예방과 치료에 힘써 준다면, 청소년기에 일어나는 안타까운 마약 사건, 사고를 막을 수 있으리라 기대합니다.

Q 26. 친구가 마약을 권할 때 어떻게 대응하라고 해야 할까요?

A 청소년기에는 친구가 세상의 전부라고 할 정도로 의미가 큰 존재지요. 이 시기에는 또래에게 인정받는 것이 가장 중요하고요. 그래서 인정받기 위해 위험도 감수합니다.

이런 배경을 이해하면 '친구의 말에 넘어가서 잘못된 선택'을 했다고 청소년만을 나무랄 수는 없습니다. 옳지 않은 유혹이나 위험한 상황은 언제든 청소년들의 눈앞에 나타날 수 있고 어떻게 할지 결정을 강요당할 수 있습니다.

청소년이 자신을 위해 지혜로운 선택을 하려면, 그 전에 올바른 정보를 알고 있어야 합니다. 아는 것이 예방의 첫 단계라고 생각합니다. 마약류 종류를 알려 주는 한편, 학생들 사이에서 이 약들이 어떻게 퍼지고 있는지도 정확히 알려 주어야 할 것입니다.

마약이 뭔지 모르는 순진한 아이에게 오히려 마약 정보를 알려 주는 것 아니냐고 걱정할 양육자도 있을 것입니다. 하지만 처음 접한 정보가 잘못된 것이라면 어떻게 될까요? 그것이 오히려 삶에 악영향을 끼칠 것입니다. 그 점을 기억해 주면 좋겠습니다.

혹시라도 친구가 마약을 권할 때 확실히 대응할 수 있으려면, 이것이 왜 나쁜 약물이고 중독이 되면 어떻게 되는지를 알아야 쉽게 받아들이지 않겠지요.

다음은 법무부 교육 자료에 나오는 내용입니다. 친구 등 주변에서 마약을 권할 때 대응 방법입니다.

① '미안해. 나 그거 하면, 부모님께 혼나' 등 보호자 등 다른 사람 핑계를 대고 거절합니다.
② '나 약물 알레르기가 있어서 큰일 나'와 같이 건강상 이유로 할 수 없다고 거절합니다.
③ '난 그거 하기 싫어'라고 단호하게 거절합니다.
④ '그거보다 게임이 더 재미있을 것 같은데…'처럼 대화의 주제를 바꿉니다.
⑤ 부모님과 선생님 등 주변 사람에게 도움을 청합니다.
⑥ 신고합니다.

마약을 권할 때
이렇게 대응하세요.

별거 아니야.
너도 한 번 해 볼래?

타인 핑계를 댄다

안 돼!
나 들키면
부모님한테 엄청
혼날걸?

아니.
그거 마약이잖아.
난
하기 싫어!

단호히 거절한다

건강상의 이유를 댄다

나 약물
알레르기 진짜
심해서
큰일 나!

화제를 바꾼다

응? 그것보다
새로 나온 게임이
더 재밌을 것 같은데
해 볼래?

주변에 알린다

선생님,
○○이가 요즘
마약을 하고 저한테도
해 보라고 해요…

신고를 한다

저는 청소년인데요,
누가 제 친구에게
마약을 판 것 같아요.
어떡하죠?

Q 아이의 친구가 중독된 경우는 어떻게 해야 할까요?
주변인이 마약을 한다고 전해 들었을 때 신고를 해야
하는지, 신고를 하면 어떻게 되는지도 궁금합니다.

A 마약에 중독된 사람이 자녀의 친구라면 친구의 양육
자에게 알려서 신고하도록 하고, 주변인이 마약을 한
다는 사실을 전해 들었다면 스스로 신고하도록 권하는 것이
좋습니다. 다른 사람이 신고하는 것보다 중독자 스스로 신고
하면, 더 가벼운 처벌을 받게 됩니다. 자수이고, 단약 의지도
있다고 판단되니까요. 치료와 재활에 집중할 수 있는 기회도
얻을 수 있고요.

양육자나 본인이 신고를 하면 수사기관에서는 어떤 종류의
마약을 언제 얼마나 몇 회에 걸쳐서 했는지 조사합니다. 가장
먼저, 소변과 모발 검사를 하지요. 이를 통해서 우선 어떤 종류
의 마약을 투약했는지 과학적으로 검증합니다. 만약 양성 반
응이 나오면 이를 토대로 투약 일시와 장소, 횟수 그리고 투약
일행, 구매 경로 등을 조사합니다. 물론 투약자가 자진해서 모
든 사실을 털어놓는다면, 혐의 내용을 먼저 조사한 후 소변·모
발 검사를 하는 등 순서가 바뀔 수도 있습니다.

경찰은 조사를 한 결과 혐의가 인정되면, 검사에게 사건을
송치합니다. '송치'는 사건을 검사실로 보낸다는 의미입니다.

검사는 송치된 사건을 검토한 후 초범이고 자수했으며 단약 의지가 확실히 있어 보이면 법원에 기소하지 않고 '치료 조건부' 기소유예 처분 등을 내려 마약을 끊을 기회를 줍니다.

그렇지 않고 법원으로 사건을 보내는 것은 '기소'라고 합니다. 법원에서는 사안이 비교적 가볍고 19세 미만의 청소년이라면 소년부로 송치하는 경우가 많습니다. 소년법정에서는 사안의 경중에 따라 〈소년법〉 제32조에 정해진 1호 처분부터 10호 처분까지 하게 됩니다.

Q 27. 청소년 중독자는 성인보다 치료가 더 어려운가요?

A 거듭 강조하지만, 마약은 어린 나이에 시작할 때 더 치명적입니다. 과학적으로도 증명된 사실입니다. 가장 큰 원인은 청소년기는 뇌가 발달하는 시기라서입니다. 마약에 노출되는 시기가 빠를수록 중독될 가능성이 높아지는데, 뇌가 덜 발달해 어른의 뇌보다 훨씬 중독에 취약하기 때문이지요.

또한 중독 상태가 뇌 회로에 강력하게 새겨져, 치료가 더 어렵습니다. 어른보다 해독이 잘되지 않고 다시 마약을 하게 될 확률이 높습니다. 대부분 약물에 대해서도 마찬가지고요. 이처럼 청소년은 어른보다 더 빨리 중독되고 일단 중독되면 헤어나기 힘듭니다.

청소년은 뇌뿐 아니라 심리, 사회적으로도 어른과 다른 환경에 있습니다. 훨씬 불리하고 어려운 상황에 처해 있을 수 있

'충청권 마약류 중독재활센터' 상담실과 청소년을 위한 프로그램(오른쪽)

습니다. 청소년을 위한 별도의 예방과 치료 등이 필요한 이유이지요.

우리나라도 청소년 마약 중독자가 급증하고 있어 이들을 위한 치료·재활 기관이 절실한데 다행히 식약처와 한국마약퇴치운동본부가 2023년 7월 국내 처음으로 청소년 마약 중독자 재활에 집중하는 '충청권 마약류 중독재활센터'를 열었습니다. 미국의 민간 마약류 치료·재활 기관인 사마리탄 데이탑 빌리지Samaritan Daytop Village와 협약을 맺어 관련 노하우를 전수받기로 했고요. 사마리탄 데이탑 빌리지는 1953년 설립한 이래 미국에서 가장 성공적인 치료·재활 기관으로 손꼽힙니다.

이를 시작으로 청소년 중독자들을 위한 치료·재활 기관이 계속 생겨나면 좋겠습니다.

Q **28.** 어디서 치료를 받을 수 있나요?

A 〈마약류 중독자 치료보호 규정〉에 의해 2023년 3월 현재, 전국에 마약류 중독자 치료보호 기관으로 24곳이 지정돼 있습니다. 하지만 실제로 중독자를 치료하는 곳은 국립부곡병원과 인천참사랑병원 2곳 정도로 알려져 있습니다.[38]

마약 사범이 머지않아 다시 수감되는 이유는 앞서 거듭 강조했듯이 마약은 자신의 노력만으로는 끊을 수 없기 때문입니다. 중독과 중독으로 인한 범죄의 고리를 끊으려면 '치료' 과정이 반드시 필요하지요.

수감만 해 놓는다고 해서 중독은 치료되지 않습니다. 감옥을 '마약 사관학교'라고 할 정도로 도리어 수감 기간에 마약에 대해 더 공부하게 되기도 합니다. 판매자, 투약자 구분 없이 마약 사범만 따로 모아 놓기 때문이지요. 이런 감방을 '향방'이라

마약류 중독자 치료보호 기관 현황(2023년 3월 말 기준)

지역	구분	병원명	지정 병상 수(개)	대표 번호
서울	은평구	서울특별시 은평병원	25	02-300-8114
	광진구	국립정신건강센터	2	02-2204-0114
부산	연제구	부산의료원	2	051-507-3000
대구	서구	대구의료원	2	053-560-7575
	동구	대동병원	10	053-663-1008
인천	동구	인천광역시의료원	2	032-580-6000
	서구	인천참사랑병원	30	032-571-9111
광주	광산구	광주시립정신병원	5	062-949-5200
대전	중구	참다남병원	4	042-222-0122
울산	남구	마더스병원	84	052-270-7000
경기	의정부시	경기도의료원의정부병원	5	031-828-5000
	용인시	용인정신병원	10	031-288-0114
	의왕시	계요병원	10	031-455-3333
강원	춘천시	국립춘천병원	10	033-260-3000
충북	청주시	청주의료원	2	043-279-0114
충남	공주시	국립공주병원	2	041-850-5700
전북	익산시	원광대학교병원	2	1577-3773
	김제시	신세계병원	32	063-545-8700
	완주군	전라북도마음사랑병원	4	063-240-2100
전남	나주시	국립나주병원	10	061-330-4114
경북	포항시	포항의료원	3	054-247-0551
경남	창녕군	국립부곡병원	100	055-536-6440
	양산시	양산병원	2	055-379-0202
제주	제주시	연강병원	2	064-726-7900
합계		24개 의료기관	360	

고 합니다. 향방에서 최신 마약 흐름, 약을 할 때 주의점, 더 싸게 많이 구입하는 방법, 법망 피하는 법뿐 아니라 형량 줄이는 방법까지 공유한다고 합니다.

치료를 제대로 받지 않으면 사회 적응에 어려움을 겪고, 이러한 괴로움을 잊기 위해 다시 마약에 손을 대는 악순환에 빠집니다. 그런데 현재 치료받을 수 있는 곳이 너무 적습니다. 마약 문제는 개인 문제를 넘어서기 때문에 정부가 적극적으로 나서서 치료 대책을 마련해야 할 것입니다. 시민들도 꾸준히 관심을 가져야 할 것이고요.

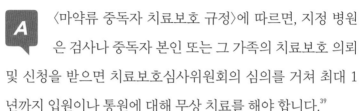

지정 기관에서 치료받을 때 치료비는 무료인가요?

〈마약류 중독자 치료보호 규정〉에 따르면, 지정 병원
은 검사나 중독자 본인 또는 그 가족의 치료보호 의뢰
및 신청을 받으면 치료보호심사위원회의 심의를 거쳐 최대 1
년까지 입원이나 통원에 대해 무상 치료를 해야 합니다.[39]

　지정 병원은 치료비를 지자체에 청구하고, 지자체는 보건
복지부와 치료비를 절반씩 부담합니다. 마약류 중독자가 돈이
없어서 치료를 받지 못하는 상황을 막기 위해 만들어진 조항
이지요. 10대 청소년이야말로 이 조항을 근거로 충분한 치료
를 받아야 하지만, 안타깝게도 현실은 그렇지 못합니다. 가장
주된 이유는 정부나 지자체가 지원해 주는 돈이 적기 때문입
니다.

　마약 중독자 한 명의 한 달간 입원 치료 비용이 최소 500만
원이라고 합니다. 하지만 2022년 현재 보건복지부가 마약류
중독자 치료에 배정한 예산은 4억 1000만 원에 불과했습니
다. 지자체가 부담하는 예산을 더해도 8억 2000만 원이 전부
지요. 마약류 중독자 164명이 한 달간 입원 치료를 받으면 한
해 예산이 다 소진되는 셈입니다.[40]

　지정 병원에서도 마약 환자를 꺼리는데, 인천참사랑병원 천
영훈 원장이 《중앙일보》와 인터뷰한 내용을 보면 그 이유를

집작할 수 있습니다. 천 원장은 "마약류 환자는 반사회성인격장애가 있는 경우가 상당수인 데다 위험해서 의사들 사이엔 '조현병 환자 10명 몫을 알코올 환자가 하고, 알코올 환자 10명 몫을 성격장애 환자가 하고, 성격장애 환자 10명 몫을 마약 환자 1명이 한다'는 말이 있을 정도"라면서, 이렇게 힘든 마약 환자를 받아 입원 치료를 해도 "치료비 절반을 부담해야 할 지자체가 예산 부족을 핑계로 승인해 주지 않으면 병원 입장에서는 치료비만 떼이는 상황"이라고 토로했지요.[41] 한마디로 고생은 고생대로 하고 돈은 제대로 못 받는 일이 반복되니, 마약 환자를 꺼린다는 지적입니다.

이런 문제들은 분명 개선해야 할 것입니다.

Q 29. 치료는 언제 시작하는 것이 좋은가요?

A 마약 중독은 치료 기간이 정해져 있지 않지만, 모든 병이 그렇듯이 최대한 빨리 치료를 시작하는 것이 좋습니다. 중독이 심해질수록 치료는 그만큼 더 힘들어지니까요. 일단 치료를 시작하면 단번에 중독에서 벗어나려고 조바심을 내기보다는 고혈압이나 당뇨병 같은 만성질환처럼 지속적으로 관리하겠다는 마음가짐이 필요합니다.

중독에서 단번에 벗어나게 하는 약이나 방법은 없습니다. 중독의 정도와 주변 환경 등을 고려해 치료 방법을 택해야 합니다. 효과적으로 치료하려면 우선 당사자가 자신이 중독자임을 받아들여야 합니다. 많은 중독자가 "나는 중독자가 아니다", "마음만 먹으면 나는 바로 끊을 수 있다" 등의 말을 합니다. 치료의 시작은 자신이 중독자임을 인정하는 것입니다.

중독 치료는 자신이 중독자임을 인정하는 데서 시작된다. 사진은 알코올 중독자들의 자조 모임

주변에서는 당사자가 마약을 끊는 데 도움이 되는 것이 있다면 적극적으로 지원해 주고, 마약을 끊는 데 방해가 되는 것이 있다면 치워 줘야 합니다.

마약에 손댄 초기에는 집에서 치료를 시도하는 경우가 많은데, 실패할 확률이 높습니다. 전문 의사의 도움을 받아 체계적으로 치료해 가는 것이 좋습니다. 중독 요인이 심리적인 것이라면 그런 부분도 치료해 가면서요.

금단 증상이 심하다면 그때는 입원 치료도 고려해야 합니다. 마약 중독은 결코 의지만으로 극복할 수 없으며, 방치하거나 시간이 지날수록 나빠집니다.

말씀하신 것처럼 몸만큼 마음 치료도 중요할 것 같은데요?

 마약 중독 치료를 효과적으로 하려면 몸뿐 아니라 마음도 반드시 함께 치료해야 합니다. 마약을 시작한 원인이 어떤 압박감, 불안감, 스트레스 등이었다면 이런 심리 상태를 마약에 의지하지 않고도 해소할 수 있게 해야 하니까요. 심리 치료 역시 단기간에 되지 않고, 한 번에 성공할 가능성도 낮습니다. 꾸준히 계속 노력해 나간다는 마음이 중요합니다.

마약 중독은 알코올 중독보다 치료가 훨씬 까다롭고 어려워서 정신건강의학과 전문의라도 섣불리 뛰어들기 어렵다고 합니다. 현재 우리나라에는 마약 환자를 제대로 볼 수 있는, 훈련된 전문의가 매우 부족합니다. 정부가 충분한 보상을 전제로 치료 전문 인력 양성에도 힘을 써야 할 시기라고 생각합니다.

 중독 치료를 하면 일상생활로 돌아올 수 있나요?

 어떤 마약을 사용했고 중독 상태가 어느 정도냐에 따라 다르겠지만, 치료와 관리를 잘하면 이전의 일상생활을 영위할 수 있습니다. 다만 마약 중독은 언제든 재발할 수 있고, 재발했을 때는 가능한 한 빨리 치료를 받는 것이 타격을 덜 입는 방법임을 명심하면 좋겠습니다. 재발했다고 해서 포기하지 말고 빨리 치료를 받으시길 바랍니다.

자녀가 마약을 한다면 가족의 역할이 크기 때문에 양육자도 마약 중독에 관한 교육을 받는 것이 좋습니다. 마약 중독으로 인해 가정에 2차 피해가 생기지 않게 가족들 또한 필요시에 적절한 심리 치료 등을 받는 것이 필요합니다.

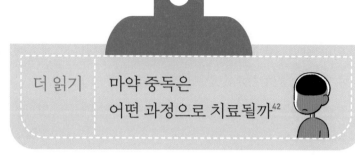

더 읽기 마약 중독은
어떤 과정으로 치료될까[42]

현재 우리나라엔 메트암펜타민(필로폰 혹은 히로뽕) 중독자가 가장 많습니다. 펜타닐을 비롯한 마약성 진통제나 헤로인의 경우에는 날록손naloxone, 부프레노르핀buprenorphine, 메타돈 같은 치료제가 있지만, 메트암펜타민은 마땅한 치료제가 없습니다. 헤로인, 펜타닐 같은 억제제 중독자는 다운되어 있어 그나마 치료가 쉬운 편인데, 메트암펜티민 같은 각성제 중독자들은 심각한 환각과 피해망상 등을 겪어 치료가 무척 힘듭니다.

　메트암펜타민 중독자의 치료 과정을 살펴보면 이렇습니다.

　먼저, 입원하면 최대한 수액을 많이 맞아 몸에 있는 메트암페타민 농도를 낮추는 해독 치료를 시작합니다. 환청, 불면, 우울, 초조 등의 다양한 증상이 나타나면 항정신병약물, 항우울제, 기분조절제, 신경안정제 등을 써서 증상을 완화합니다. 짧게는 일주일에서

 항정신병약물

조현병을 비롯한 정신과 질환 치료에 사용되는 약물이다.

길게는 2~3주 정도 지나면, 이런 해독 과정이 끝납니다.

많은 중독자가 해독 과정이 끝나면 치료가 끝났다고 생각합니다. 자신은 중독자가 아니고, 그때는 이러저러한 이유로 마약을 할 수밖에 없었다며 합리화합니다. 그러면서 치료를 중단하는 일이 많은데, 얼마 못 가 다시 약에 빠져든다고 합니다. 그러므로 마약 중독 치료는 멀리 내다보고 차근차근 치료해 가야 할 것입니다.

해독 과정이 끝난 후에는 '동기 강화' 치료에 들어갑니다. 왜 계속 치료를 받아야 하는지 등을 일깨워 주는 것이지요. 마약으로 인한 육체, 정신, 사회적 피해를 인식시켜서 단약 의지를 키워 나가게 하고요.

일상으로 돌아와서는 마약을 하기 전의 생활을 유지하려고 노력해야 하는데, 그러자면 마약을 하던 시절의 사람들과는 관계를 모두 끊어야 합니다. 새로운 인간관계를 맺기 위해 노력해야 하고요.

이렇게 1년 정도 노력하다 보면 몸뿐 아니라 망가진 뇌도 회복된다고 합니다.

Q **30.** 치료 사실이 알려질까 봐 치료를 꺼리면 어떻게 해야 하나요?

A 마약 치료를 받으면, '마약 범죄자'로 낙인이 찍힐까 봐 두려워 가족이 먼저 쉬쉬하는 경향이 있습니다. 이런 대처는 상황을 더 악화시킵니다. 하루라도 빨리 치료받는 것이 좋습니다. 치료는 빠를수록 좋습니다.

인천참사랑병원 천영훈 원장은 마약 중독자들 치료가 무척 어렵다고 토로하면서도 "10대 청소년들은 꼭 병원으로 데려와 달라"고 호소합니다. "절대로 가정 안에서 해결하려 하지 말고 병원부터 찾아야 한다"고 강조합니다.[43]

그리고 치료 기간에는 마약에 손댈 수 있는 환경으로 다시 돌아가지 않게 철저한 관찰과 보호가 필요합니다. 초범이고 미리 병원에서 재활 치료를 받는 등 단약 의지를 확실히 보여주면, 검찰에서도 '치료 조건부' 또는 '교육 조건부' 기소유예 처분을 내려 실제 형사처벌까지는 하지 않습니다.

　기소유예 처분이란, 혐의는 인정하지만 깊이 반성하고 재범을 하지 않겠다는 의지를 보여 준 점 등을 감안해서 법원에 기소를 하지 않는 것을 말합니다. 따라서 호기심이나 주변 친구의 권유로 투약했다면 처벌을 두려워하지 말고 양육자나 선생님에게 사실대로 털어놓고 하루빨리 치료를 받는 것이 더 현명한 선택입니다. 계속 숨기다가는 마약 중독의 늪에 빠져 헤어 나올 수 없을 테니까요.

Q 31. 성인이 되었을 때도 치료 기록이 남나요?

A 중독 치료를 받으러 갔다가 신고를 당하거나 중독 치료를 하고 난 뒤 그 기록이 남으면, 어떤 불이익을 당하지 않을까 하고 걱정할 수도 있습니다.

과거에는 의료인이 마약류 중독자를 발견하면 신고해야 할 의무가 있었지만, 지금은 그 의무가 없어졌습니다. 진료 기록은 보관되지만, 〈의료법〉 제21조 제2항""에 의해 본인만 그 내용을 확인할 수 있기 때문에 취업 등에서 불이익을 당할 일은 거의 없습니다.

중독 치료를 받았다는 사실이 뒤늦게 알려져도 처벌을 받나요?

기본적으로 공소시효[45]가 남아 있다면 법률상으로는 처벌이 가능합니다. 하지만 단약 의지를 가지고 스스로 치료까지 받았다면, 검찰 단계에서 '치료 조건부' 기소유예 또는 소년부 송치 처분을 받거나, 혹시 기소가 되더라도 형사재판부에서 지방법원 또는 가정법원의 소년부에 회부되어 소년법상 보호처분을 받을 가능성이 큽니다. 소년부 재판은 19세 미만의 소년이 범죄나 비행을 저지른 경우 소년의 환경을 변화시키고 소년의 성품과 행동을 바르게 하기 위한 보호처분을 내리는 재판이기 때문에, 형사처벌이 아니고 전과에도 해당하지 않습니다.

따라서 순간의 호기심에 투약을 했다면 확고한 단약 의지를 갖고 치료에 적극적으로 나서야 합니다. 그래야 중독에서 벗어날 수 있고, 형사처벌도 받지 않게 됩니다.

더 읽기 마약 중독은
개인의 책임일까

마약 중독에 관한 유명한 쥐 실험이 있습니다.

쥐의 게놈이 인간의 게놈과 95퍼센트 동일해서 쥐는 실험에 자주 이용되는데요, 1960년대에 한 연구팀도 쥐를 이용해 마약 중독에 관한 실험을 했습니다. 이 연구팀은 전기 충격을 가할 수 있는 박스에 쥐를 넣고 쥐가 레버를 누르면 마약을 섭취할 수 있게 했습니다. 그러자 마약에 빠진 쥐는 레버를 계속 눌러 더 많은 양이 나오도록 했습니다. 점차 마약에 취해 음식을 먹지 않는 쥐도 있었습니다. 이 실험에서 많은 쥐가 마약으로 죽었습니다. 이런 실험 결과로 볼 때, 연구팀은 사람도 크게 다르지 않으리라 예측했습니다.

하지만 이 실험에 다른 견해를 가진 팀도 있었습니다. 밴쿠버 출신의 심리학자 브루스 알렉산더Bruce Alexander 교수 연구팀은 일명 '쥐 공원 실험Rat Park experiment'을 진행했습니다. 이 팀은 쥐가 박스 안에 격리되어 있었기 때문에 이런 결과가 나올 수밖에 없었으리라고 보았습니다. 그래서 1977년 새로운 실험을 위해 쥐

사회적으로 고립된 사람들이 마약 중독에도 빠지기 쉽다. 마약 중독이 개인 문제를 넘어 사회 문제인 이유다.

공원을 만들었지요. 200제곱피트(약 6평) 크기였습니다. 연구팀은 공원 벽을 녹색과 노란색 페인트로 칠하고 그 위에 식물과 나무도 그려 놓았습니다. 공원 안에 충분한 먹을거리는 물론이고 공이나 바퀴, 양철 캔 같은 놀잇감도 놓아두었고요. 야생 쥐들까지 풀어 놓아 실험 쥐들과 어울릴 수 있게 했습니다.

연구팀은 공원 한쪽에는 1960년대 연구팀이 한 대로 케이지에 쥐들을 격리해 놓았습니다. 그런 후 두 그룹을 비교하는 실험에 들어갔습니다. 두 그룹에 두 액체를 제공합니다. 하나는 모르핀이 든 액체, 다른 하나는 모르핀이 들어 있지 않은 액체였지요. 케이지에 갇힌 쥐들은 모르핀이 든 액체를 선택했지만, 공원의 쥐들은 며칠이 지나서야 모르핀 액체를 마셨습니다.

이후 갇힌 쥐는 공원의 쥐들보다 16배나 더 많은 모르핀이 든 액체를 마셨습니다. 반면 공원의 쥐들은 마약 섭취 욕구가 갇힌 쥐보다 크지 않았고, 모르핀 든 액체를 마셨을 때도 정상적인 상태로 돌아가려고 노력했습니다. 심지어 2차 실험 때, 공원의 쥐들은 이미 마약에 중독돼 금단 증상을 겪고 있었는데도 모르핀 든 액체를 덜 마셨습니다.

이 실험은 '사회적 고립'이라는 환경이 마약 중독의 결정적인 요인이 될 수 있음을 알려 주었습니다. 다른 측면에서 보면 중독에서 벗어날 방법을 알려 주는 것이기도 하지요. 고립된 상태, 즉 탈출구 없는 스트레스 상황은 중독에서 벗어나기 어렵게 합니다.

브루스 알렉산더 교수는 이 실험을 통해 중독자 개인에게 모든 책임을 떠넘길 수 없음을 강조합니다.

Q **32.** 재발을 막을 방법은 무엇인가요?

A 중독 치료를 해도 마약을 했을 당시의 기억과 자극은 남는다고 합니다. 치료는, 마약을 했을 때 기억을 다른 반응으로 바꾸는 것입니다. 이를테면 안 좋은 기억이나 피해 본 상황으로 말이지요. 다시 이전으로 돌아가지 않으려면, 중독자가 스스로 과거로 돌아가지 않으려는 힘을 길러야 합니다. 10대는 아직 어린 나이라서 이런 힘을 키우도록 누군가 도움을 주어야 합니다. 즉, 조력자가 필요한 것이지요. 가족뿐 아니라 전문 상담가와 치료사, 교사 등 사회도 나서서 도와야 합니다.

특히 청소년이 자기를 조절할 수 있는 선까지 생활 습관을 건강하게 바꾸고 가치관을 변화시키게 도와주는 것이 필요합니다. 너무 뻔한 말일 수 있지만, 규칙적인 운동은 꼭 필요하고요. 의사이자 중독 전문가인 폴 토머스는 자신의 책《나는 중독 스펙트럼의 어디쯤 있을까?》에서 중독을 극복하고 재발을 막으려면, 뉴스나 SNS 보는 시간, 독이 되는 사람과 환경 등 스트레스가 될 수 있는 것들을 줄이라고 조언합니다. 자신이 불완전하다는 것을 부끄러워하지 말고 받아들이며, 오래 지속되는 진지하고 건강한 관계를 맺으라고 충고합니다.

다시 강조하자면, 마약 중독에서 단번에 완전히 벗어나게 할 치료 약이나 심리 상담은 없습니다. 마약 중독엔 완치란 개념이 없습니다.

2023년 7월 충청권 마약류 중독재활센터 개소 관련 일로 한국을 방문한 사마리탄 데이탑 빌리지의 미첼 넷번Mitchell Netburn 회장은 마약 중독을 '건강'의 문제로 봐야 한다고 했습니다. 재활을 '암 치료'에 비유하면서 "암 치료를 완료했다고 해도 10년, 20년 후에 언제든 재발이 가능한 것처럼, 마약 재활 프로그램을 완료했던 사람이 다시 한번 마약에 손을 댄다고 해서 그 사람을 실패자, 나쁜 사람이라고 규정하지 않아야 한다"고 강조했지요.[46]

이처럼 마약 중독자는 꾸준히 치료와 관리를 받아야 하고, 주변에서는 중독에 빠진 청소년이 내면의 힘을 키울 수 있게 도와야 합니다.

재발했다고 해서 치료에 실패한 것은 아닙니다. 다시 새롭게 치료를 시작해야 하는 순간이 온 것뿐입니다. 아직 세상을 제대로 살아보지 못한 청소년들에게 실패라는 단어를 먼저 심어 주지 않아야 합니다. 그것은 그 아이의 실패가 아니라 사회의 실패라는 점을 어른인 우리가 명심해야 합니다.

주

1 〈우범국 다녀오면 마약검사 받는다…마약 오처방 의사는 자격정지〉, 《연합뉴스》 2023년 11월 22일 자

2 〈ADHD약 먹어도 공부에 도움 안 된다〉, 《코메디닷컴》 2018년 7월 20일 자

3 WHO(1993) The ICD-10th Classification of Mental and Behavioural Disorders : Diagnostic criteria for research. World Health Organization, Geneva.

4 중앙관세분석소 홈페이지www.customs.go.kr/cclss/main.do에서 '관세 분석 → 마약류 정보 → 마약류 소개' 내용 참고

5 대검찰청 홈페이지에서 '검찰활동 → 마약·조직폭력범죄수사 → 마약범죄수사 → 마약류별 특성' 항목의 표 인용

6 〈마약사범 재범률 36%…'두 번 다시 손 못대게' 국가가 엄격 관리한다〉, 《서울경제신문》 2023년 4월 10일 자

7 〈[2022국감] 이만희 의원 "마약투약 후 2차 범죄 발생 증가세"〉, 《SR타임스》 2022년 10월 17일 자.

8 〈기분좋게 마신 술 남성보다 여성들에 더 가혹〉, 《남도일보》 2019년 11월 26일 자

9 〈앞으로 의료용 마약류 과다 처방 의료인·상습투약자 구속수사〉, 《ZDNET Korea》 2023년 12월 6일 자

10 〈우범국 다녀오면 마약검사 받는다…마약 오처방 의사는 자격정지〉, 《연합뉴스》 2023년 11월 22일 자

11 〈검찰, 청소년에 마약공급하면 최고 사형까지 구형〉, 《조선일보》 2023년 4월 30일 자

12 〈세계 최초로 마약 사용을 비범죄화했던 포르투갈의 근심〉, 《머니투데이》 2023년 8월 5일 자

13 〈마약류 불법거래 방지에 관한 특례법〉 제12조(국외범): 제6조부터 제8조까지 및 제10조는 〈형법〉 제5조의 예에 따라 대한민국 영역 밖에서 해당죄를 범

한 외국인에게도 적용한다. [전문개정 2009. 11. 2.]

14 〈"필리핀 경찰 셋업 범죄…한국인 노린다"〉, 〈KBS 뉴스〉 2017년 2월 4일 자

15 〈선한 의도로 개발된 펜타닐, 이제 죽음의 마약으로〉, 《국민일보》 2023년 11월 14일 자

16 양성관, 《마약 하는 마음, 마약 파는 사회》, 히포크라테스, pp. 128~129.

17 위의 책 4장 〈이 땅의 마약〉 내용을 토대로 정리했다.

18 〈'좀비 마약' 펜타닐 불법처방 의사 첫 구속기소〉, 《세계일보》 2023년 6월 27일 자

19 캐나다의 저명한 심리학자 앨버트 반두라Albert Bandura가 만든 개념이다.

20 김보영, 〈중학생의 자기 효능감과 인터넷 게임 중독 간의 관계에서 자기 조절력, 무망감의 매개효과 검증〉, 《한국보건간호학회》 제29권 제3호(2015), pp. 441~451.

21 로렌스 스타인버그는 세계적인 청소년 연구자이다. 현재 템플 대학교 심리학과 석좌교수이다.

22 〈남친과 칼부림도 벌였다…10대 래퍼 지인 9명 죽인 '악마약'〉, 《중앙일보》 2022년 6월 27일 자

23 〈펜타닐의 위력〉, 《세계일보》 2023년 11월 16일 자

24 〈독일 정부, 논란 많은 대마 합법화 법안 의결…반발 뚫을 수 있을까〉, 《경향신문》 2023년 8월 17일 자

25 〈캐나다, '마약 2.5g까지' 소지 합법화…"2026년까지 한시적 시행"〉, 《한국경제신문》 2023년 2월 1일 자

26 〈"SNS 마약 운반 모집방 잠입해 보니… '학원 끝나고 와, 교복도 OK'"〉, 〈CBS 김현정의 뉴스쇼〉, 2023년 4월 14일 방송

27 수업에 사용할 교육 자료는 학교안전정보센터www.schoolsafe.kr의 '안전교육 자료실' 부분에서 다운받을 수 있다.

28 〈마약류 관리법〉 제51조의2에 근거한 공익법인이다.

29 제9조(학생의 보건관리) 학교의 장은 학생의 신체발달 및 체력증진, 질병의 치료와 예방, 음주·흡연과 마약류를 포함한 약물 오용誤用·남용濫用의 예방, 성교육, 이동통신단말장치 등 전자기기의 과의존 예방, 도박 중독의 예방 및 정

신건강 증진 등을 위하여 보건교육을 실시하고 필요한 조치를 하여야 한다.

30 제8조(학교안전교육의 실시)

① 학교장은 학교안전사고를 예방하기 위하여 교육부령이 정하는 바에 따라 학생·교직원 및 교육활동참여자에게 학교안전사고 예방 등에 관한 다음 각 호의 교육(이하 "안전교육"이라 한다)을 실시하고 그 결과를 학기별로 교육감에게 보고하여야 한다. 1.「아동복지법」제31조에 따른 교통안전교육, 감염병 및 약물의 오남용 예방 등 보건위생관리교육 및 재난대비 안전교육

31 〈마약중독 '치료보호' 대상자도 건강보험 적용받는다〉,《연합뉴스》2023년 11월 28일 자

32 〈"배려 대한민국, 우리 모두 행복해집니다"〉,《광주매일신문》2016년 8월 23일 자

33 〈"분노 내려놓으면 교통사고도 준다"〉,《YTN》2015년 12월 13일 자

34 대구시약사회관이 '청소년 마약류 사범 증가, 어떻게 대응할 것인가'를 주제로 개최한 심포지엄 내용으로,《데일리팜》2022년 10월 20일 자 기사에서 인용했다.

35 〈"평생 약물서 회복하려고 노력해야"…일본 DARC 사람들〉,《한겨레21》2023년 6월 2일 자

36 〈마약 끊으려고 모였는데 신고당해…이곳이 혐오시설인가요〉,《한겨레》2023년 7월 9일 자

37 〈법무부, 청소년 마약 예방과 재범 방지 강화에 나선다〉,《대한민국 정책브리핑》2023년 1월 29일 자 보도자료

38 〈조규홍 복지장관 "마약 중독 치료비 건보 적용 추진"〉,《뉴시스》2023년 11월 10일 자

39 〈마약류 중독자 치료보호 규정〉제9조 제1항에 의하면 검사도 치료보호 의뢰를 할 수 있고, 중독자 본인과 가족은 제9조 제3항에 의해 치료보호 의뢰를 할 수 있다.

40 〈마약 중독 1명 치료비용 한달에 500만원…치료비 떼이는 병원들〉,《머니투데이》10월 1일 자

41 〈중독자 치료지정 병원 90%가 "마약환자 안받아요" 왜?〉,《중앙일보》2022

년 7월 8일 자

42 양성관, 《마약 하는 마음, 마약 파는 사회》, 히포크라테스, pp. 157~161.

43 〈중독자 치료지정 병원 90%가 "마약환자 안받아요" 왜?〉, 《중앙일보》 2022 년 7월 8일 자

44 제21조 제2항 의료인, 의료기관의 장 및 의료기관 종사자는 환자가 아닌 다른 사람에게 환자에 관한 기록을 열람하게 하거나 그 사본을 내주는 등 내용을 확인할 수 있게 하여서는 아니 된다.

45 어떤 범죄에 대해 일정 기간이 지나면 공소의 제기를 허용하지 않는 제도로, 수사기관이 법원에 재판을 청구하지 않는 불기소처분의 한 유형이다. 형사소송법에서는 법정형의 정도에 따라 공소시효를 달리 정하고 있다. 따라서 공소시효가 완성되면 설령 범죄를 저질렀어도 수사 및 기소 대상이 되지 않는다.

46 〈"마약 중독 재활은 암 치료와 같은 것"…한국 방문한 '60년 역사' 미국 재활센터 회장〉, 《경향신문》 2023년 7월 20일 자

이미지 출처

위키미디어 커먼즈 : 46, 47, 48, 50, 56, 57, 59, 60, 67, 119, 122, 148, 205쪽
셔터스톡 : 57쪽 맨 위 사진, 70, 72, 103쪽 아래 사진, 131, 134, 153, 215쪽
필메디 www.philmedi.com/ko : 86쪽
조상현 : 103쪽 위 사진
황다빈 : 121쪽
충청권 마약류 중독재활센터 : 198쪽

※ 저작권 있는 사진이 쓰였다면, 저작권자가 확인되는 대로 허락을 받고 저작권료를 지불하겠습니다.

청소년 마약에 관한 모든 질문

초판 1쇄 발행 2024년 1월 30일
초판 2쇄 발행 2024년 5월 17일

지은이 | 김희준·공주영
펴낸곳 | (주)태학사
등록 | 제406-2020-000008호
주소 | 경기도 파주시 광인사길 217
전화 | 031-955-7580
전송 | 031-955-0910
전자우편 | thspub@daum.net
홈페이지 | www.thaehaksa.com

편집 | 조윤형 여미숙 김태훈
마케팅 | 김일신
경영지원 | 김영지

ⓒ 김희준·공주영, 2024. Printed in Korea.

값 16,800원
ISBN 979-11-6810-241-5 43300

"주니어태학"은 (주)태학사의 청소년 전문 브랜드입니다.

책임편집 여미숙
디자인 이유나
그림 시농